JN438489

그 길 아래 바다

그 길 아래 바다

편성희 수필집

수필과비평사

|프롤로그|

해당화 그늘

당신의 말이 내 귀를 세웁니다. 나보다 더 수줍은 당신은 숨어 내 이름을 부르다가 도망칩니다. 홑겹 꽃잎 둥둥 뜨게 하는 비밀스러운 소리를 바람이 쓸어안아 달아납니다. 섬 그늘 바닷물에 적신 비단결 옷을 입은 내가 밝은 대낮에 속살을 보이는 것은 우주 바깥 이야기를 끌어다가 차곡차곡 쌓아 놓은 허무맹랑한 꿈결 같은 이야기 때문일까요. 시간을 물들인 은밀한 이야기가 앞산을 넘어갑니다. 그 산 너머 어디쯤 파도 너울에 쓸려갈 이름이 사랑인가 하여 다시 귀를 엽니다.

| 차례 |

제2부

제3부

제4부

제5부

제1부

내게서 가장 먼 곳 푸른 지느러미

한 그루의 나무 / 맨드라미 시절

봄날 오월의 농도 / 목련 안개

이팝나무 하얀 손 / 이름

삼월 그림자 / 천 걸음 백색 도로

지금도 궁금하면 인연인 거야

내게서 가장 먼 곳 푸른 지느러미

계절이 바뀐 것을 보듯 어떤 사람을 그렇게 본다. 그 사람은 가까이 있다 하여도 항상 먼 걸음에 있다. 때때로 거친 말이 건너와 상처가 되고 내게 오는 소리가 시절 너머에서 지극히 낯선, 흔들리며 오는 나무 같다. 맞서있는 자신은 또 얼마나 숨기고 있는 것이 많은지 돌같이 굳은 표정 뒤에서 바람꽃처럼 흔들리고 있었던 것을, 차마 드러내지 못한 심지 하나가 파르르 떨고 있을 때 등 뒤 푸른 지느러미 솟아 가만히 나를 안아 준 것을, 그는 가까이 있어도 다 모르는 사람이다.

그는 가장 먼 곳에서 나를 지켜보면서 어느 때인가 내가 가장 필요로 할 때 숨겨놓은 지느러미를 내어 힘차게 방향타를 저으며 원하던 곳으로 가고자 신호를 보내는 꿈을 가지고 있다.

깊은 내 마음 어느 구석은 파르르 떨며 숨을 몰아쉬고 밤새 내린 비로 단풍 짙은 잎은 유리창에 붙어 생각이 깊다. 몰아쳐 오는 바람이 푸른 잎을 물들이고 휙휙 바람끝에서 허공을 돈다. 하루 전 일을 다 기억을 하지 못하는 내가 그 푸르고 싱싱한 오리나무 아래를 걸어왔던 시간이 되살아나 지금 막 눈앞을 스치는데 어디서 기다리다 왔는지 시간은 작년 이맘때의 기억을 가지고 아슬아슬하게 눈앞까지 다가와 있다.

일 년이 지난 책이 아직 펼쳐지지 않고 책꽂이 안에서 간신히 숨을 쉬고 있는 것을 보고 왔다. 그만큼 그는 바쁜 사람으로 살아가면서 내게서 멀어지나 보다. 내가 지어낸 글이 누군가에게서 그런 모습으로 있다니 부끄러운 내 상처는 어디에 두어야 할까, 펼쳐지지 않고 던져진 책 하나가 다시 살아나기는 힘들 것 같다. 책장 안으로 들어간 내 글이 점점 다가가는 발자국 소리와 숨소리에 귀를 열어줄까 조심스럽다.

여기에서 흔들리면 바깥에서도 흔들릴까. 글은 조심스럽다. 책이 있는 곳을 찾아가면 거기에 새겨진 내 이름이 단풍든 손가락으로 나를 부른다, 손 내밀어 나를 잡아주는 기대를 다시 그에게 가져도 될까, 글을 놓아둔 시간 위로 걱정이 앉는다.

타인에게서 나를 본다는 것은 어쩌면 그가 내가 될 수 있다는 얘기이다. 그가 내가 된다 하여도 나를 다 알 수는 없다. 그런데도 글자의 감정을 제대로 읽어 주기를 기대하며 다가오는 그의 마음을 기다린다. 집착하지 않는 글에 대한 기대가 나를 자유롭게 할 텐데 그의 마음을 건드려 만진 것처럼 글이 그렇게 건드려지기를 바란다. 그것이 합당할 때에는 내가 따뜻하게 보이는 날이고 쓸쓸했을 때는 내가 그가 되고 싶지 않은 날이다. 그 상태로 나는 나대로 부딪히며 사는 것을, 활자에 새겨진 내 마음에 파묻히면 봄날 분홍빛 사연이나 뜨거운 열정은 어디로 가고 글씨만 남는다. 글의 감정과 가까워지는 거리를 어떻게 해야 찾을 수 있고 그 속을 헤아려 볼 수 있을까.

단풍들어 떨어지는 모습이 마음에 와닿을 때가 있다. 오늘이 그런 날이다. 붉은 잎이 떨어진 숲, 그 아름다움을 알면 그렇게 외롭지만은 않다. 밤새 천둥이 치고 비가 내리고 바람이 많이 불어 길바닥에 가득 깔린 단풍든 낙엽을 본다. 어두운 밤 소리친 천둥의 낙하인가, 땅으로 내린 젖은 나뭇잎들이 한쪽은 바람 치는 방향을 따라 쓸리고 다른 곳의 젖은 잎은 그대로 움직임이 없다. 바라보다가 내 생의 모습은 어떤 모습으로 어디쯤을 가고 있는지 생각을 한다.

내 안의 모든 것이 낙엽의 색깔로 물들어 가고 있다. 바람 치는 세상을 따라가면서 나만을 고집하지 않았는데 바닥을 구른 낙엽처럼 쓸린 자국이 많다.

켜켜이 쌓인 사연이 그리움으로 풀어지는 저녁 6시, 그 시간이 몰고 오는 어떤 사람들이나 사연들이 조용히 일어나 내게서 가장 먼 곳의 일들을 불러와 지금 걱정하고 있는 것들을 안아준다. 가장 먼 곳에 있던 희망이 좌우 평형을 이루며 푸른 지느러미를 젓고 있는 것이 느껴진다. 글 한 줄이 늘어나는 시간이다.

한 그루의 나무

한 그루의 나무, 그 나무를 이제 찾을 수 없다.

아침에 집을 나서 새만금을 지나 부안 해변을 돌아 누에 마을을 가로질러 돌아서면 그 숲에 들 수 있다. 동굴처럼 깊은 터널을 지나면 갑자기 쏟아지는 햇빛이 은은하게 내리고 비밀스러운 바람이 마치 나만을 기다리고 있는 세상을 만나게 된다.

아직 쌀쌀한 바람과 밝은 햇살이 서로 보듬으며 고여 있는 내변산 안길을 지날 때 그 나무를 보았다. 마치 자연의 영혼을 품고 있는 것처럼 고고한 표정으로 나를 보고 있던 한 그루의 나무, 바다가 산 너머에 있고 그 길 따라 내려오는 어디쯤에서 나를 바라보던 나무, 가만히 바람끝에서 반짝거리는 잎을 흔들며 수천 그루의 나무속에서 홀로 빛나 보이던 그 한 그루의 나무.

여린 잎 하나하나가 햇살을 쥐고 반짝일 때 어디선가 날아드는 칡꽃 향은 한적한 길에 앉아 산중의 빛을 걷어 들이고 있다. 그 자리는 오래 머물러도 나를 밀치는 힘센 이가 없고 돌아설 때 또한 잡는 이 없는 누구도 특별하지 않게 마치 바람을 타고 흘러가는 물과 같은 흐름이 있는 곳이다.

그 은밀한 자리를 찾아가기까지 바닷바람을 맞아야 하고 많은 사람의 앞면과 뒷모습을 보았고 그 어떤 사람은 지워야 하고 뱉어내지 못한 감정을 더 숨겨야 하고 하다못해 잃어버린 물건을 체념해야만 그 숲에 있는 나무를 만날 수 있다.

산비탈을 돌아서면 저만큼 끝에서 홀연히 서 있는 한 그루의 나무가 보인다. 그 주위를 감싸고 있던 나무들이 제 이름을 내려놓고 산 깊은 골짜기의 숨소리를 걸러내며 다리 아래까지 내려온 바람을 그늘에 앉힐 때 나는 세상의 무거운 짐 하나를 그곳에 내려놓는다.

나도 한 그루의 나무가 되어 그 옆에 선다. 어두운 숲길이 환해지고 한꺼번에 비밀이 벗겨지면서 무거운 날개를 터는 나를 본다. 힘든 세상의 일들을 꺼내어 내려놓으면서 멀리 한적한 능선을 바라보며 바람처럼 가벼워진다.

숲의 한 가운데 신기루처럼 보이는 한 그루의 나무를 보면 흘러가면서 가만히 머무는 고요를 아는지, 흔들려도 흔들림 없는, 스쳐 지나가도 그 자리에 서 있는, 세상은 멀리에 있고 산속 깊이 홀로 있어도 따뜻한 햇볕에 젖어 외롭지 않다는 것을 나는 작은 나무로 서서 꿈을 꾼다.

세상에 하고 싶었던 많은 이야기와 더 품고 있어야 할 이름들을 그 나무에 새기면서 나를 놓고 온다. 그곳은 지금을 놓고 올 수 있는 자리, 꿈꾸고 싶었던 것들을 펼쳐 보는 자리, 지친 몸을 기대보는 자리, 영혼의 깊이를 볼 수 있는 자리, 하늘의 구름을 올려다보고 그리운 것들을 세어볼 수 있는 자리이다.

어느 날은 어떤 것에도 집중하지 않고 마냥 비우며 거기에 오래 머물러 차라리 세상으로 돌아오고 싶지 않을 때가 있다. 무겁고 진중한 것에 배어있는 지루함, 그다지 원하는 것도 아니면서 쓸데없이 욕심을 키웠던 초라한 모습, 실천하지 않으면서 매일 꿈을 꿨던 내일에 대한 환상이 나를 다시 보게 한다. 세상을 미어지게 사는 욕망에 밀려 일상의 일들이 귀해 보이지 않을 때 신과 대화를 나누고 있던 한 그루의 나무를 생각한다.

세상을 살아가거나 이겨나가는 지혜는 어디에 숨어 있을까, 한 그루의 나무는 가끔 그런 나를 불러 타이르면서 따뜻한 위로와 냉정한 자기반성의 기회를 준다.

바람에 흔들리는 나무는 내 깊은 고뇌를 다 들은 뒤에 오래도록 깊고 푸른 눈으로 나를 바라본다. 나무는 불의한 세상의 일과 그것에 무너지는 나약한 나를 다시 일으켜 세우며 걱정 없이 가라고 떠밀어 낸다. 그리고는 그 나무는 한 편의 영화처럼 멀어지며 손을 흔든다.

잘게 부서지며 반짝이던 그 연두의 빛을 언제 다시 볼 수 있을까, 그 잎에 앉았던 수많은 나비 떼는 작은 잎이 손을 흔들어대던 빛의 착란이었을까, 바람과 볕이 드는 그 길은 여전한데 나의 근원을 알고 있는 한 그루의 나무는 다음 해 흔적도 없이 사라졌다. 이름조차 남기지 않은 나무는 그 숲 어디로 숨어들어 내게만 보인 환상의 섬이었을까. 오래된 이름 하나가 산 너머 바닷속 어디쯤으로 사라진 느낌이다.

맨드라미 시절

거기에 있었던 맨드라미를 기억한다, 세상의 중심에서 비켜서 곧게 앉아 지치지 않는 붉음을 안고 늦가을 저녁노을 맞대어 있던 무게를.

바라보는 눈이 마음보다 빨라서 성급한 고통을 짊어지고 산 날이 있었다. 보고 싶은 것만 보고, 보고서 그냥 버린 것들이 얼마나 많았는지 끊어지는 시선에서 놓친 것들은 어디론가 흘러가 그 끝자락을 찾아낼 수가 없었다.

지나간 세월이 가져간 것들을 주워 담을 수 없어 오후의 시간이 쓸쓸하다. 서쪽 해도 붉고 지는 낙엽도 붉은 저녁의 시간 끄트머리에 맨드라미가 앉아있다. 여름 내내 그 자리에서 조금씩 제 몸을 일으키던 모습이 내 눈에 들어오기까지 한 계절을 넘어선 오랜 기다림이 있었다.

맨드라미처럼 나도 붉던 시절이 있었다는 것을 시간에 점점 물들어 가는 그 꽃을 보면서 느낀다. 몸을 휘돌던 붉은 피돌기와 날카롭던 말들과 생채기를 내며 분노했던 젊은 날의 시간이 물살처럼 급하게 유동을 치던 때가 있었다. 사랑하지 않으면서 사랑을 그리고 사랑의 그림자가 물러나지 않는 자리에 푸른 묵상이 깊이 앉고 서툴게 그려낸 무수한 이야기들이 힘이 되거나 상처가 되었다. 때로는 부끄러운 용기를 넘어섰던 열기에 화가 나 제풀에 고개 숙였던 시절이 어제의 일처럼 스쳐 지나간다.

삶의 흐름이 꺾일 때 맨드라미 씨앗을 뿌렸다. 손안에 잘 잡히지 않을 만큼 작은 씨앗이 손끝을 벗어나 바람을 따라 흩어졌다. 잊을 만할 때 싹이 나고 소박하게 꽃대가 올라왔다. 형태를 말할 수 없는 묘한 얽힘의 자세로 조금씩 자라나 그대로 꽃이 되었다. 예쁘다 하는 모습을 넘어서는 융단의 빛깔이 뜨거운 여름 햇살을 받아 고귀한 성장을 이뤘다. 실타래처럼 엮인 내 마음을 그 꽃에게 비워냈다. 꽃은 녹아내린 내 상처를 맑게 풀어 넓은 가슴에 안고 늦가을까지 품고 갔다.

맨드라미는 찬 바람이 부는 저녁이 되면 꺾일 듯 꺾이지 않는 몸이 흐린 가로등 불빛을 받아 더욱 붉어졌다. 늦게까지 이어지는 내 이야기를 세포 구석구석으로 받아가 몸을 부풀리며 달만큼 차올랐다.

청춘이었을 때에는 나를 닮은 맨드라미가 멀리에 있었다. 화려한 꽃들이 눈에 들고 진한 향기가 가득한 것들이 내 가까이에 더 많았다. 장미 한 다발과 백합의 순결함에 물든 향은 사방에서 다가오고 가까이 올수록 부딪히는 일이 많아 때로는 상처가 되어 지치곤 하였다. 좋아하는 사람과 멀어질 때도 꽃은 있었다. 비어있는 자리에 꽃을 두고 어제를 잊는 주문을 걸거나 스스로 강해지는 법을 독백처럼 풀어내면 차츰 맑아지는 나를 볼 수 있었다.

나를 닮은 사람이 멀리 가고 나서 어쩌다 빈 땅에 꽃씨를 뿌리게 되었다. 뿌려지는 꽃씨마다 유년을 닮은 꽃들로 피어났다. 손가락이 휘어지도록 흙을 갈고 풀을 메며 여린 꽃들을 보살폈다. 내가 하는 행동은 이미 떠나간 사람의 고달픔을 잊는 것이고 외로움을 묻는 작업이었다. 이따금 날아오는 산비둘기와 한 쌍의 꿩이 밭의 언저리를 헤집으며 다가오면 멀리 있는 사람이 오는 걸음인가 하였다.

사람만큼 진한 관계를 맺기는 어려워도 꽃은 조용하고 다정하게 내 말을 다 들어주고 내가 원하는 대답을 들려주었다. 해가 질 때까지 선한 울림으로 내 마음을 씻어내 주었다. 그래서 나도 다른 사람에게 "행복하세요" 라고 말할 수 있었다.

행복, 마음속 가장 가까운 자리에 숨어 있으면서 어느 때 다시 피어오를 때마다 내 마음을 전하는 선물로 그에게 다가가는 꽃씨와 같다. 씨를 뿌리고 꽃이 피는 것을 지켜보면서 다시 배운 이름이다.

감나무가 능청 바람에 찢어지는 소리를 낼 때 맨드라미가 몸을 꺾었다. 이고 진 짐이 너무 무거워 빈 공간으로 넘어졌다. 누워있는 꽃에서 검은 씨앗이 퍼져 구슬처럼 빛이 난다. 그동안 내가 전한 말이 씨앗처럼 맺혀 온몸에 가득하다. 때로는 단조로운 묵상에 지루하고 욕심을 부린 기도에 지쳐있을 꽃말이 우수수 몸을 열었다.

나는 항상 어디에다 용서를 빌어야 하는 몸이라는 것을 다시 느낀다. 욕심을 내느라 열린 마음에 받아들여야 할 겸손을 잊어버리고 낮은 가운데에서도 내가 드러나 보이는 삶을 살았다는 것을, 그 드러나는 아픔이 무거워 쓰러진 맨드라미 가슴을 만져본다. 꼭꼭 숨어 있는 마음을 처음 품었던 때처럼 다시 안아본다.

그 붉음의 기억에 잠든 신비의 시간이 물들어 간다. 사라지는 것은 먼 길을 향해 시선을 두는 것, 봄날 바람이 내 손끝으로 다시 돌아오는 염원을 가지며 지는 맨드라미를 본다.

봄날 오월의 농도

그것은 혼자 있을 때만 보이는 정육점 간판의 그림 같은 것이다. 길을 가다가 갑자기 다시 오지 않는 그때가 그림자 너울로 어른거려 멈춘 그 자리에서 붉은 간판이 스스로 칼질을 하는 것을 보았다. 이상한 일이다. 가슴이 저리는 것과 마음을 저미는 일이 그 가게 앞에서 같은 통증으로 일어나 정육점의 어떤 상태와 일치하고 있다는 것에 뭐라 말할 수가 없었다.

지난날 어느 시점에서 멈춘 상태로 사라졌던 일이 몇 개의 토막으로 나누어지며 다시 떠오르는 것은 무슨 현상일까. 단절된 추억이 허상의 그림자로 너울거렸다.

눈앞에 보이는 정육점의 고기가 오월 햇볕에서 붉은빛으로 돋아나 그동안 숨은 한 사건이 오열로 뱉어지며 나를 지키고 있던 보호막을 뚫고 일어섰다. 잠깐 표피만 스치는 상처가 아니라 내장의 살점을 도려내듯 쿨럭쿨럭 기침을 뱉어냈다. 그것을 그 이름도 잊은 당신 앞에 사납게 던져버리자 지난 시간을 폭파하는 굉음의 소리가 들려왔다. 그 자리에서 착란을 일으켜 지나간 시간을 깨뜨려 부수듯 혼란스러울 때 내 앞을 스쳐 과거의 시간속으로 유유히 사라지는 그림자를 보았다.

그때는 아카시아 향에도 취하더라, 날개를 휘저으며 받은 향이 아려 차라리 죄악이더라, 그 벌판 숨겨진 나무숲에서 배웠더라, 오다가 가버린 사랑이더라, 품고 껴안고 패대기치며 배운 사랑이더라, 용서할 수 없는 뼈까지 밴 사랑의 상처이더라. 동백 밑둥지 스친 바람처럼 내려와 지는 꽃잎으로 앉던 늦은 봄날 놓친 사랑도 그대로 사랑이더라.

혼절할 만큼 울며 뱉어낸 사랑의 골수가 이제는 녹아내렸는지 가끔 웃기도 하며 넉살을 푸는 것도 멀어진 사랑의 뒷모습이 남긴 그림자이고 그런 모습이 오늘은 슬프다.

유리알처럼 미끄러지는 아린 흔적이 내 안 깊은 곳에서 지금도 서성이며 늦은 봄날 짙은 그림자로 흔들린다.

살아보니 인생은 엮이는 것, 가장 소중한 것은 밑바닥에 숨겨 두고 그 위에 허망의 그물을 치며 시간과 싸우는 일이다. 갖고 싶은 것을 가공된 이미지로 만들어 가슴에 안으면 되는 것이다. 때로는 슬픔도 작위적이며 당신과의 관계도 위선이다. 선함을 포기하고 가면의 얼굴을 만든다. 내 고통을 넘기기 위해 착한 마리아는 항상 그 자리에서 나를 바라보아야 한다. 삶에서 가장 먼 거리에 있던 사랑은 지금 어디쯤에서 날줄과 씨줄로 엮여 나처럼 싸우고 있을까.

오월 밤에 폭죽이 터진다. 소리만 들으면 고통이어도 밤하늘을 올려다보면 찬란하다. 예고 없이 밤하늘에 그림을 그리는 것처럼 삶은 느닷없이 얼룩을 남기거나 무늬를 그리면서 고통과 희망을 엮어낸다. 하루가 슬프면 다른 날은 그 슬픔을 가져가는 일이 일어난다. 잃은 것은 더 깊은 곳으로 숨어들고 보이는 것은 사라지면서 나를 가볍게 한다.

살아내야 하는 날을 버티면서 문득 그때가 그리워 한번은 다시 가보고 싶은 그 자리가 하필 도시 한복판 정육점 앞을 지나갈 때 생각이 났다. 갖고 싶었던 것을 놓치면 깊이를 알 수 없는 늪에 빠진다는 것을 느끼며 죽도록 사랑하고픈 때가 그때였을까 한다. 그 길 한가운데서 체념의 빛깔이 죽음 위에 앉는 것에 두려워지고 남은 기억은 놓친 것과 잃어버린 끝에 저울처럼 앉아 기운다. 아련한 아픔이 마음속 깊이 어느 구석에 내재해 있다가 아무 상관 없는 정육점 간판 앞에서 통증을 느끼며 흔들리는 늦은 봄이 더디게도 간다.

목련 안개

모레쯤에 내게 올 것만 같은 사람이 머문 곳이 있다. 마음이 닿는 끝점에서 서성이는 그는 이미 실체를 잃어버렸으나 지워지지 않고 있는 그림자이다. 그러면서 어느 날 낯선 자리에서 불쑥 만나게 되기를 소원하는, 만남이 꼭 그곳에서 예정되었던 것처럼 이루어진다면 그 봄날은 다소 눈이 부시다. 거기에는 미래를 당겨오는 꿈이 있으면서 과거의 기억을 품고 있는 아득함이 함께 배어있다.

목련이 피어있는 자리가 그 사람을 닮았다. 하나의 꽃에 담긴 무게가 그 사람의 마음 같다. 목련은 땅에 떨어져도 온기가 가시지 않는 사랑이란 값의 무게를 오랫동안 가슴으로 안고 있다. 하늘은 천천히 몸을 열고 목련을 받든 상처를 보며 시리게 멍이 들었다.

그렇다면 나도 내 가슴을 보여주지, 두꺼운 세포들이 하나씩 하나씩 벗어지면 웅크리며 숨어 있던 먼 세계의 말, 희랍어가 쏟아져 나오고 나조차 짚어낼 수 없었던 따뜻하고 낯선 심장이 두근거리며 밖으로 나와서 내 손을 잡고는 과거와 연애를 하자며 자꾸 꼬드기지. 그러고 싶었어, 어느 날은.

하얀 그림자가 아른거리는 시간은 나의 이력서를 닮았다. 어디에 써 내려가지 않아도 지독히 내 삶을 닮은 무게와 허무를 함께 안고 있는, 들키고 싶지 않은 하얀, 그 무게가 공중에 떠서 꽉 찬 슬픔을 안고 있다.

안개가 피어오르는 아침의 미제 방죽 물가는 아득하다. 서늘한 기운이 아직 가시지 않은 아침을 안고 있는 안개를 본다. 인기척이 드문 오솔길을 걸으면 깨어나지 않은 이슬에 젖은 풀들이 눈을 뜨고 푸른 소나무는 내 발걸음에 향기를 얹는다. 다가오는 시간의 촉수가 바쁘게 움직이며 길을 내면 오늘이 싱그럽게 열린다.

아직 밤의 뒤척임의 여운이 사라지기 전 물가에서 아련히 피어오르는 안개를 본다. 멀지 않는 곳에 있지만 멀어 보이는 안개는 그만큼 나를 작아 보이게 한다. 안개가 머문 곳은 하얀 목련의 집, 목련이 안개에 가려 신비롭다. 하얀이 하얀을 품은 모습은 솜털처럼 가벼워 멈춘 듯 고요히 흐르고 있다. 현실에서 만나는 꿈의 자리가 내 안으로 들어와 나를 안개처럼 감싼다.

해마다 만나는 하얀 목련은 꽃이 필 때마다 새롭고 그때마다 나를 끝없이 바라보아 준다. 목련을 보면 사랑하고 싶어진다. 멀어진 사랑은 희미하여 그 끝을 잃었어도 다시 한걸음 그곳을 향해 걸어간다. 나는 왜 아무리 걸어도 그의 곁에 닿을 수 없는가. 내 사랑은 왜 건강하지 않은 것일까, 늘 부대끼면서 가끔은 예의 없이 부서지면서 허락되지 않은 것에 마음을 기울이며 멀어지는 것일까. 슬픔을 무너뜨리는 어떤 깨끗함의 정체가 다시 살아나 하얀 목련꽃에 이슬로 떨어지고 그 꽃을 안개가 안듯 나도 맨 처음의 사랑이 있었던 길목을 향해 걸어간다.

지나온 이야기와 지금의 생각을 꽃이 다 질 때까지 서로 바라보며 그 자리에서 오래 머무르면 내 몸 전체가 하얗게 맑아진다. 꽃이 피고 지는 것도 안개가 그곳에 머무는 것도 누군가를 좋아해서 일어난 필연의 일처럼 다가온다면 달라지는 것은 무엇일까. 내가 목련을 바라보는 마음을 그대로 읽은 아침, 목련은 나처럼 안개에 기대어 젖어 들며 바람을 타고 오는 햇살을 바라본다. 나는 그 자리에서 자꾸만 흘러가는 목련을 따라 "나도 목련, 목련은 안개"하며 가슴을 앓듯 웅얼거리며 목련을 안은 물안개에 취해 미끄러지듯 그 속으로 들어간다.

이팝나무 하얀 손

이팝나무 하얀 꽃이 무거운 오월의 저녁을 내다보며 오늘 밤에는 비가 오겠다 한다. 아직 어둠이 내리기 전 저린 팔을 붙잡고 누웠다. 어떻게 해도 팔이 저려 뒤척이면 구석구석 통증이 옮아간다. 통증이 가는 길로 눈물이 따라간다. 낮은 체온이 느리게 손등을 짚고 손가락에 끝에 앉는다. 이팝나무 꽃처럼 잘게 나뉜 꽃이 덩어리지며 한곳으로 모여 종아리를 타고 내려가 발등에 앉는다. 몸 구석 물길을 따라 건너가는 고통이 부풀었다. 숨길을 지나가는 하얀 통증, 한 손으로는 닿지 않는 먼 거리를 다른 한 손이 다가와 잡아준다. 등을 모로 눕히고 토닥토닥 두드리며 제 몸 하나 관리하지 못하며 산다고 안쓰러워하는 소리가 들려온다. 소리가 없는 위로를 받고 싶다. 말을 건네지 않아도 편안한 네 모습이 저 아래 가로수 길에 가득하다.

이 동네로 이사를 오고 난 얼마 후에 가로수 길에서 꽃이 피기 시작했다. 사방으로 길게 이어진 길 끝까지 보이는 하얀 꽃의 정렬된 모습이 낯설어 무슨 꽃인가 했다. 가로수 나무로는 처음 보는 신선한 백색의 물결, 그 꽃길 아래를 지날 때마다 마음이 가벼워졌다. 병원에 들러 돌아오는 길에 보는 꽃은 보는 것만의 즐거움이 아니라 무거운 몸을 가볍게 하여 잠깐이라도 통증의 아픔을 잊었다. 묵은 만큼 오래된 어깨의 통증이 온몸을 누른다. 무거운 것을 든다거나 힘든 일을 해도 그렇지만 반복된 어떤 작업을 놓지 않으면 잔꾀처럼 아픔이 짓누른다. 예전에는 고통이 한 번의 병원 나들이로 나을 수 있었는데 이제는 어떻게 해도 회복이 되지를 않는다. 마음이 고달프면 그곳은 더 석고처럼 굳어 버린다. 몸 한쪽의 아픔으로 유연한 마음과 따뜻한 배려심을 잃고 마음과 몸이 무거워짐을 느낀다. 목 뒤에 앉는 무게가 한쪽으로 쏠리며 몸이 기울면 모로 누워 하늘을 본다. 희미하게 하얀 꽃이 하늘에 걸쳐 있는 이팝나무가 눈에 들어오면 말을 건넨다. "어깨가 무거워 나의 반쪽이 되어줘, 나의 왼쪽이 되어줘" 방향 감각을 잃었을 만큼 온몸이 아파 다시 나의 오른쪽이 되어 달라고 하면 이팝나무 꽃이 마구 흔들린다. 이팝나무 꽃 지는 소리가 들린다. 지는 꽃의 소리를 어떤 날은 등 뒤로 듣는다. 보이지 않는 곳에서 소리 없이 지는 꽃의 소리가 마음으로 들으면 다 들린다. 마음이 모인 곳으로 이팝나무 흰 꽃이 모여든다.

어깨를 한참 두드리던 오른손이 내려간다. 위로를 받은 내 반쪽이 그 오른손을 보며 고맙다고 한다. 와락 기쁜 것도 아니고 마냥 길게 가져가야 할 일도 아니어서 복잡한 마음이 든다. 그 어디쯤 매듭이 맺혀 슬픔이 고인다. 나약한 나를 바라보면서 다른 한쪽이 손을 내밀며 나는 너를 지켜 줄 오른쪽이라고 말을 하는 것 같다. 결코 내가 되어줄 수 없는 먼 거리에서의 위로가 그래도 위안이 된다.

안과 밖에서 미묘하게 부딪히는 힘의 대결이 나를 흔들리게 한다. 나약함을 누르는 강한 압력이 하얀 김을 폭발하듯 뿜어낼까 두렵다. 작은 세계 안에서 숨어보면 작은 것도 크게 보인다. 고통은 쉽게 가시지 않아 구원의 문을 두드리며 응답을 기다리는데 이팝나무 세포는 잘게 숨을 쉴 뿐이다.

저 아래 이팝나무가 있는 곳으로 내려가 봐야겠다. 이팝나무 꽃이 나무 아래에서 숨죽이고 있다. 떨어져 있어도 그대로 하늘 닮은 꽃, 두드려 깨뜨려도 단단히 묶여있는 숨길, 아니 살갗인가, 그럼 숨어 웅크린 힘줄의 반항인가, 그 어느 것도 이기지 못하는 설움이 내 몸 한쪽에 붙어 긴긴 계단을 따라 다시 올라온다.

이름

이름 하나를 짓는 것은 어제 보았던 별을 마음에 품는 일이다. 이름 하나를 짓는 일은 다가오지 않은 세상을 꾸미는 것이다. 아직 세상일에 낯선 젊은 엄마가 귀한 목숨에 서툰 이름을 차마 지을 수 없어 삼학동 어느 낯선 집을 찾아간 두려움의 색이다.

빨간 지붕이 보이는 철문을 들어서자 하얀 벽과 몇 개의 계단이 보이던, 잠깐 주저하는 내 발걸음을 재촉했던 한 여자가 산고의 아픔이 아직 채 가지지 않은 어린 나를 데리고 낮은 채도의 물감이 집안 가득 뿌려진 어느 한 방에 가슴 졸이며 고개를 숙이며 들던 여린 여자의 생명 같은 온도이다.

사랑, 무수히 들었던 사람의 체감 온도, 감정과 이성이 섞이어 그 안으로 더 깊숙이 들어가고자 하여도 설렘과 뜨거움이 혼합된 미묘한 색깔, 어제는 그랬다가 오늘은 이랬다가 내일은 더 알 수 없는 감정의 기복, 항상 그 둘레 어디쯤 헤매면서도 놓을 수 없는 꼬인 끈, 어떻게 보아도 답이고 또 그 답이 다 맞을 수 없는 차가운 이름이다. 차가워도 굳지 않고 녹아버리는, 뫼비우스의 띠라는 생각이 든다. 아픔이 꼭 병이 아니고 때로는 성장이라는 느낌이 들 때가 있지만 그 아픔이 나를 더 좋은 곳으로 나아가게 했거나 발전시킨 것은 아니었다는 것을 생각하면 아픔의 경계 또한 모호하다.

아버지는 내 이름을 짓기전 내가 당신에게 온 것을 먼저 자랑스러워하셨다. 그렇지만 쉰이 조금 넘어 세상을 떠날 때까지 내 이름을 그다지 많이 부르지 못했다. 이름에 담긴 의미가 너무 커서였을까, 자라는 모습을 기대와 두려움으로 지켜만 보다가 말없이 세상을 떠나셨다. 내 이름은 이루고 빛난다는 아버지의 기대에 비치지 못하고 일찍 무너졌다. 아버지는 생각만 크고 세상 사는 일은 서툴렀다. 그 마음을 일찍 헤아렸다면 무섭고 당차게 내 앞길을 헤쳐나가면서 아버지에게 기쁨을 안겨드렸을 텐데 나를 무너지게 하는 고독의 시간이 너무 일찍 찾아왔다.

내가 나를 가둔 시간에 아버지는 종일 세상을 떠다니다 돌아오셨다. 지친 모습을 감추고자 하면서도 드러났던 나약한 모습이 지금 내 가슴 깊은 곳에 눈물로 배어있다. 분명한 아버지의 목소리를 한 번도 낼 수 없었던 수줍음이 곱게 내 안에 들어서 있다.

나를 둥게 둥게 안고 하늘을 보며 춤을 췄고 업고 키우고 귀한 것 먹이고 시간마다 지켜보았고 나를 지독히 사랑했다는데 내 눈에 멀리 있었던 아버지의 모습이 사라지고 나자 그 사랑이 이제야 제대로 들려온다. 나이가 들어갈수록 더 깊이 새겨지는 이름, 내 이름은 아버지의 목숨값이다. 그 시절 결혼 후 칠 년 만에 나를 낳은 애절한 아버지의 꿈이 담긴 이름이다. 한학을 배운 아버지가 한 뜻을 골라 엮은 이름의 간절함을 나는 어느 만큼이나 알고 있을까.

내 새끼 이름을 짓지 못하고 망설이고 있을 때 나를 찾아온 형님이 골목 끝 작명소로 데리고가 지은 이름 하나가 숨이 차게 내게 안겼다. 떨림과 기대로 안은 이름을 날마다 삶의 신념처럼 부르면서 흔한 듯 귀한 듯 불러 주었다. 이름을 부르면서 맘껏 드러내지 못하는 아버지의 마음도 알게 되고 보이는 것이 그대로 다 사랑은 아니라는 것도 늦게 알았다. 이름을 지을 때 확신이 없어 누군가를 찾아가 도움을 받은 이름이지만 아버지는 마음에 두고 칠 년간 간직하고 있었던 이름을 내게 주었다. 간절함이 지켜지면 소원을 이루는 거다, 했는데 나는 그 간절함을 지키지 못했다. 아버지가 준 이름대로 제대로 살지 못했고 그때 내가 아들에게 준 이름은 일찍 사라졌다. 내가 지은 이름이 사라지고 난 후 그 이름 색깔은 아직도 선명하게 살아남아 나와 같이 나이를 먹어가고 있다.

이름을 지었던 때의 그 간절함이 떠오른다.

삼월 그림자

그 골목은 해가 길었다. 길게 구부러진 길에서 해는 넘어갈 줄 모르고 아이들과 뛰어놀았다.

토요일이면 밀렸던 일을 처리하는 날, 빗자루를 들고 이 층부터 아래로 내려오는 계단을 청소하고 모아두었던 빨래를 맑은 물 흐르게 헹궈 쨍쨍한 햇볕에 널고 나면 골목 끝이 길게 보였다. 집집에서 나온 아이들이 뭉쳤다 떨어지며 손을 치고 달아나고 숨고 다시 나오는 모습을 지켜보면 왠지 즐거웠다.

아래층을 내려가는 계단이 바깥으로 나 있어 그 계단에 앉아 숨을 고르고 있을 때 골목 안으로 나를 보며 다가오는 시고모부를 보았다. 성큼성큼 골목 끝에서부터 부르는 소리가 얼마나 우렁찼는지, 골목 아이들 보는 즐거움보다 더 쿵쾅거리는 설렘으로 고모부를 맞았다. "애기야 내려오너라" 목청이 굵은 소리에 낮 그림자가 철렁였다. 검은 비닐봉지 하나를 들고 아래에서 위를 올려다보며 나를 성구며 손을 흔들었다. 뛰어 내려가서 얼른 올라오시라고 권하는 것을 한사코 거절하며 문 앞에서 검정 비닐봉지를 쥐어주고 골목을 되돌아 나가셨다.

왜 그런지 시고모는 나를 시댁 어느 식구보다 가깝게 대했는데 내가 직장 생활을 하면서 내 아이를 갑자기 맡기고 나면서 나를 가엾이 여기셨고 그때부터 무뚝뚝하고 거친 말투의 시고모는 그의 속내를 다 드러내며 이런저런 세상 사는 사정을 때로는 울분에 젖어 토하기도 하며 자신의 삶을 드러내 보이셨다. 담배와 술로 한탄의 말을 쏟아내는데도 집으로 아이를 안고 돌아오면서 아기를 맡아준 고마움에 오히려 힘을 얻곤 하였다. 고모부님은 일 년에 두어 번 만날 수 있는 뱃사람이었다. 처음 고모 집에서 환한 마당에 문을 열고 들어서던 검은 그림자를 보고 잠깐 겁을 먹었던 것을 잊을 수 없다. 말씀이 없고 덩치 큰 모습으로 부엌문을 열고 들어섰을 때 괄괄한 고모는 이상하게 별말이 없었다. 그 틈 밥상에 앉아 셋이서 갓 구운 고등어를 맘껏 먹고 빈둥거리다 돌아오는 길은 왠지 모를 기쁨이 있었다.

고모부는 단 한 번 내 집을 그렇게 다녀간 뒤로 다시 오시지 않았다. 꼭 한 번은 와 보았어야 할 집을 다녀가신 것처럼, 오고 싶은 집을 보고 가신 것처럼 하고 난 후 내가 그 집에 가야만 시고모부를 만날 수 있었고 육지에 닿을 때마다 경포초등학교 뒷길 낮은 집으로 나를 불렀다. 마당 가운데 큰 고무 대야에 담긴 물오른 생선을 덥석덥석 비닐에 담아 주고 내가 생선을 어떻게 다루어야 하는지 모른다는 것을 한참 후에 아신 뒤로는 항상 깨끗하게 다듬어 물기를 빼놓고 나를 기다리곤 하였다. 어째서 유독 나만을 그렇게 챙겨 주셨는지 지금도 그 마음을 다 헤아릴 수는 없는데 이상하게 그 집에만 가면 마음이 편해져 방에 들어가 함부로 놀고 눕고 때가 되면 밥상을 받곤 하였다. 고모부는 마당에서 생선을 다루면서 그 앞에서 쪼그리고 앉은 나를 보며 능숙하고 빠른 손질로 나를 감탄시켰다.

바다에서 건너온 날생선을 먹을 때면 육지에 닿고자 간조와 만조를 때를 기다리는 시고모부님이 생각이 난다. 뚝뚝한 말투와 친절을 찾아볼 수 없는 뻣뻣함 속에 숨어 있는 따뜻함에 그 마음을 다 아는 것처럼 명랑하게 대하면 시고모는 자랑스러운 듯 환하게 웃었다. 그런 고모가 한동안 돌아오지 않는 고모부를 찾았던 때를 속상해하며 말했던 적이 있다. 제주도 한림항을 향해 가던 소설 같은 이야기를 듣고 난 후에도 나는 왠지 고모부의 편이 되어 주고 싶었다.

집어등이 일렬로 늘어선 밤바다에서 육지를 그리워했을 그 마음을 담아 크고 실한 고등어를 내게 전해주고 간 큰 발걸음을 그림자로 남기고 시고모부는 봄날 허무하게 세상을 떠나셨다.

무거운 물체 하나가 마당 가운데 툭 떨어지는 환상을 보았다. 망망대해에서 보았던 별의 세계로 돌아간 느낌이 들었다. 그는 어떤 삶을 느끼며 살다 간 것일까, 어떤 말을 해도 긴 대화를 잊지 못하고 툭툭 끊어지는 말을 던졌던, 그 건조한 음성이 삼월 따뜻한 햇볕 아래를 떠돈다. 바다 빛깔을 퍼다가 꽃물에 버무려 안고 하늘로 올라간 것처럼 그의 마음이 지금 몽땅 내 마음 안에 남아 있다.

고모부의 긴 그림자가 삼월이 되어 싸한 골목 끝의 바람을 타고 다시 나타나면 골목으로 들어와 나를 만나러 왔을 때 그냥 가겠다고 발길을 돌렸어도 끝까지 우기고 모시고 올라와 차 한잔 대접하지 못한 것이 깊이 후회가 된다. 살아계신 긴 시간 동안 나는 몇 마디의 말이 꼭 바다에서 나를 그리워하는 소년의 음성으로 들려와 골목 어디쯤에서 부르는 것 같아 갯바람에 젖은 그 골목을 다시 가보고 싶어진다.

천 걸음 백색 도로

그 길을 몇 번이나 다녀왔을까, 들판 한가운데를 가로질러 끝까지 걸어갈 때 보이던 풍경은 무엇이었을까, 봄이 오기 시작하면 이제 움을 트는 풀꽃들이 아직 가시지 않은 겨울바람에 매달리듯 피어 흔들리는 것을 보고 그 길 끝까지 가기에는 아직 멀어 걸음 더디어진다.

산비탈 그늘이 길가까지 내려와 햇살과 경계를 나누고 있는 모습을 먼발치에서 바라보면 그 그늘 안에 들고 싶어진다. 가까이 갈수록 산 그림자는 짙어지고 그 아래 닿는 발걸음 주저하고 있는 내가 오늘도 좋은 날이면서도 때로는 외롭다는 생각을 한다.

그 도로의 중간 어디쯤에서 중천 해가 떠 있는 모습을 보게 되면 길은 하얗게 탈색이 된다. 빛의 역광을 받아 바람에 흰 억새들이 검게 물들어 흔들리고 그림자 지면 끝이 보이지 않는 길 한가운데로 햇살이 하얀 그림자로 지나간다. 차 한 대도 지나가지 않는 시간, 그 황량한 벌판으로 난 길을 걷고 있는 날이면 내가 얼마나 혼자의 시간을 즐기고 있는지 알 수 있다. 지치지 않고 걸어가는 길이 시간을 타고 가는 여행길 같다. 끝을 향해 걸어가는 자유로움이 혼자의 모습을 더 분명하게 보여주는 그 길에서 나는 한껏 자유롭다.

그 길 바깥세상은 항상 시끄러워 내 안에 많은 것을 삭혀 묻어두어야 한다. 가슴 저미는 말들이 들어와 앉아 싸우고 그것을 베어내려고 칼날을 갈면 하루가 얼마나 지치던지, 어느 때는 소나기 퍼붓는 길이더라도 마음이 비워지는 그 길로 그냥 나가고 싶다. 비가 퍼붓는 날이면 튀는 빗물이 도로 위로 밀듯이 몰아쳐 쏟아지는 것을 보게 되고 빗소리가 세상을 덮어 내 안의 더러운 어떤 것들이 한 번에 쓸려 내려가는 희열을 맛보게 된다. 사람이 치울 수 없는 무거움이 그 길에서는 치워진다. 더 들추어낼 것이 없을 때까지 비가 오고 나면 맑은 길 하나가 반짝이며 얼굴을 드러낸다. 그 길에서 가만히 서 있더라도 어딘가로 물처럼 흐를 것 같아 한걸음 발을 디디면 길은 바람의 문을 열어 내 앞에 더 큰 길을 내어 준다.

신호등이 없는 그 길을 처음 발견했을 때의 반가움은 내가 그곳에 들어서게 한 이유를 만들어 주었다. 한없이 펼쳐진 푸른 들판 한가운데를 한 폭의 그림처럼 지나갈 수 있다는 것, 주저함이 없이 느린 걸음으로 일직선의 도로를 따라가면 멀리 보이는 산과 들을 그대로 만날 수 있고 도랑으로 흐르는 물길이 아파트 숲까지 이어져 도시의 삭막함이 조금은 가시는 것을 느낄 수 있다. 계절이 바뀔 때마다 내게 주는 기쁨을 누릴 수 있어 그냥 환해지는 그 길이 좋아졌다. 봄은 봄대로 눈부신 길이 열리고 늦가을이 오면 황량함 그대로 바람을 몰고 오고 또 다른 색으로 많은 것을 보여준다.

그 길에서는 멀리 아파트 숲이 한눈에 들어온다. 너른 들판 너머 직각으로 늘어선 빌딩들이 거기에서 보면 그렇게 삭막하게 보이지 않는다. 신호등에 걸려 가다 서기를 반복하는 자동차의 행렬을 만날 수 없고 어릴 적 동네의 한가로운 길로 들어선 것처럼 그때의 멈춘 시간 안으로 내가 들어가는 것만 같다.

봄이 오면 아지랑이 신호탄이 그 길에서 하늘길로 올라가는 모습과 여름날의 폭우가 그 길 위에서 폭죽처럼 튀고 길을 따라 피는 코스모스의 나풀거리며 흔들리는 시간과 들판이 하늘과 맞닿아 펑펑 쏟아지는 눈길을 걸으면 백색 안에 내가 갇히게 된다.

그 도로에서는 어지러운 일들이 나도 모르게 지워진다. 끝이 보이지 않는 길을 따라 은빛 햇살이 한적한 도로를 덮고 있으면 뒤뚱거리며 멀리서부터 다가오는 버스가 보이고 나는 그 버스를 그냥 보내고 천 걸음의 길을 걸어간다. 한낮 백색 등이 켜진 듯 환하면서도 사납지 않은 그 도로를 따라 쉬는 듯 하염없이 걸어가면 산그늘 아래 다다를 수 있고 몇 번은 지나쳤던 동네 안길로 들어서 벌써 잎을 떨군 단풍나무들 사이로 예쁘게 피었다가 고개 숙인 백일홍과 야생화처럼 피고 지는 구절초가 맑아 발걸음 멈추면 다시 돌아갈 길이 보인다.

내일은 서리가 내리는 날, 그 길 위에서 어떤 맑은 사람을 만나면 좋겠다. 맑아서 상처가 많은 사람은 세상을 어떻게 걸어갈까, 아는 듯 모르는 듯 세상일을 잊고 그 길을 따라 걸어가고 싶다. 첫서리가 앉은 땅에 얼어붙은 하얀 가루가 햇볕에 반짝이는 모습을 보며 그 들판을 한없이 걸어가 보고 싶다. 들판 끝까지 잔 유리알이 깔린 하얀, 꿈 같은 그 길을 걸어가며 돌아오는 길을 잊어 보고 싶다. 돌아서 갈 길을 가르쳐 주었던 사람을 잊고 내 길을 가듯 그대로 걸어가고 싶다. 외로움을 말하기도 지친, 그런 내가 되어 보고 싶다.

백색白色 도로에서 앞을 보고 갈 때는 보였던 일들이 되돌아올 때는 사라짐의 흔적을 보고 싶다. 처음부터 내 걸음 안에서 같이 있었던 모든 것을 지우고 가벼운 내가 되면 세상 사는 힘이 나겠다. 끝점을 보고 왔던 흔적, 그것만을 갖고 싶다.

그 길에 서면 그 길의 끝을 향해 걸어가고 있는 내가 보인다.

지금도 궁금하면 인연인 거야

명인이 다녀갔다. 그녀는 아파트 같은 동 같은 라인에 살다가 어쩌자고 멀리 서산으로 이사를 가버렸다. 지나고 보니 우리는 이유가 있는 사연부터 가벼운 이야기까지 참 많은 말을 주고받았다. 60kg이 넘는 개 한 마리를 소중히 키우고 정도 많으면서 항상 무언가에 치어 살지만 잘 극복해 가면서 사는 그녀! 세상일을 숨기면서 사는 답답한 나보다 그녀는 드러내 보이면서 좀 억울해한다. 어디에건 정답은 숨어 있고 또 그것을 정답이라고 말할 수 없는 것이 우리네 삶이다. 그러면서 앞으로 가는 삶, 우리가 가까이에서 만나 밥을 먹고 차를 마시면 좋을 텐데 그녀의 집은 이제 너무 멀어졌다.

큰 개를 키우기 위해서 아파트가 아닌, 전원주택을 찾아 이사 가다니 그녀의 말을 다 들어주던 나도 처음에는 이해하기가 어려웠다. 이사 가고 난 뒤에 위아래 층을 오고 가며 차를 마시고 대화를 나눴던 기억이 떠올라 괜히 일 층으로 내려가 꼭대기 층을 올려 보면 서운했다.

삶이 각박해서 그런지 사는 것이 이기적으로 변해서인지는 몰라도 그녀를 처음에는 엘리베이터 아니면 어디서 만났는지 기억하지 못할 만큼 무심한 관계였는데 어느 날 대형마트 주차장에서 조심스럽게 나를 부르는 소리가 들려 돌아보니 그녀가 주춤거리며 나를 보고 있었다. 뜨악하게 쳐다보는 나를 향해 짐이 많은데 차를 좀 태워줄 수 있겠느냐고 부탁을 하는 거였다. 어려운 일도 아니어서 흔쾌히 집으로 돌아오면서 급속하게 친해졌다. 사람 알아보는 눈이 어둡고 이름을 기억하는 데는 더욱 젬병인 나인데 그녀는 밝고 힘찬 목소리와 씩씩한 모습으로 누구에게나 친근하게 다가가며 호의를 보이는 다정한 사람이었다. 기억력 또한 뛰어나 언제, 몇 시에 무슨 일이 일어났다는 것을 총명하게 기억하였다. 그녀는 줄 곳 엘리베이터 안의 나를 기억하고 있었다.

사귀고 보니 그녀는 내게 없는 많은 장점을 갖고 있었다. 오지랖이 넓어 목욕탕에 가면 나이 드신 분의 등을 먼저 밀어주고는 그 뒤부터 시간에 맞춰 목욕탕에 들러 하나의 인연을 만들어가는, 외로운 사람에게 적극적으로 다가가는 굳센 친화력을 가지고 있는 사람이고 그 인연은 그분이 돌아가신 뒤 그의 자식에게까지 인연이 이어지는 참 대단한 사람이다. 그렇지만 본인이 판단할 때 염치없이 굴거나 계산이 앞선 꼼수를 부리는 사람을 만나면 견디지 못하고 좋고 싫은 것을 분명하게 드러내는 것으로 엇갈리는 얘기를 듣기도 한다. 그러나 생각을 해보면 실천해 보고 탓을 듣는 그녀가 아무것도 하지 않고 말을 타지 않는 나보다 훨씬 인간적이고 희생적이다.

그녀는 무엇을 하든지 다 드러나서 억울한 일도 많고 꼼짝없이 스스로에 갇혀 상심하다가 어디에도 하소연하기가 힘들 때 나를 부른다. 남에게 대가 없이 다 내주고 허전할 때 자신을 말할 어떤 상대가 그리웠던 것 같다. 나는 들어주는 것만으로 역할을 다할 뿐인데 마냥 고마워하는 모습에 그녀의 순수함을 느낄 수 있다. 제 할 일은 찾아서 다하면서도 손해만 보는 것 같은 그녀를 바라보자면 어느 때는 안타깝지만 살아온 것을 보면 나보다 현명하여 그의 얘기를 들어주는 것만으로도 그가 더없이 인간적이라는 생각이 든다.

우리가 균형을 맞추며 살아가는 모습은 한쪽이 기울 때 다른 한쪽이 가볍게 올라가는 시소의 높고 낮음 같은 것이었는데 벌써 십년이 흘러가고 있다. 그 사이에 둘이서 한 번도 감정 상한 일이 없이 지나왔고 같이 지내면서 탈 없이 지냈다는 게 얼마나 신기한 일인가.

시간은 그냥 간 게 아니라는 것을 그녀가 떠나고 난 뒤에 빈자리로 남아 있을 때 그 사람이 귀했다는 것을 더 느낀다. 나는 할 말을 다 못했는데 그녀는 갔고 엘리베이터를 탈 때마다 그녀의 자리가 보이고 내가 내리고 나면 문이 닫히면서 언니, 잘 가요 하는 그녀의 밝은 목소리가 들려온다. 그래서 그녀의 층에서 멈추는 엘리베이터를 보고 내 집으로 돌아올 때도 있다.

몇 달에 한 번씩 그녀는 볼일을 보러 이곳에 온다. 여전히 감정이 풍부한 그녀는 송아지만 한 개가 귀엽다고 자랑을 하고 누군가 때문에 힘이 든다고 하소연을 하는데 다 맞는 말이어서 그녀의 명랑한 소리에 맞춰 그녀의 편이 되어 주는 것으로 만남의 시간은 편하게 흘러가고 어느새 어둑해지면 그녀는 다시 돌아간다.

빨간 차를 몰고 어둠 속으로 사라지는 그녀의 뒷모습을 보면서 인연이 이대로 짧은 만남으로라도 계속 이어지면 좋겠다는 생각을 하면 처음의 만남이 귀했던 것처럼 다가오는 훗날도 벌써 기다려진다.

제2부

언덕을 넘을 때 / 기차가 지나간다

꽃병을 들고 / 젬마가 뛰어가는 곳

기억의 방 / 밤비

써니의 시간 / 반가운 타인

지금이 그때 / 그 길 아래 바다

언덕을 넘을 때

집 안에 있을 때는 계절의 변화를 눈으로만 느끼는 날이 많았다. 아파트 허공에 떠서 세상을 바라보며 종종 몸살을 앓았다. 나이가 들수록 사람과의 관계가 더디어지고 잊고 지워지면서 소외되고 자꾸만 작아지는 자신이 조금씩 무너지고 있다는 것을 알게 되었다.

그사이 일 층을 넘지 못했던 옹골진 소나무는 어떻게 시간을 탔는지 점점 자라 내게 가까이 다가오고 내리는 눈은 급하게 창가에 앉아 나를 부르고, 공원의 산책길에 쏟아지는 눈과 여름날의 폭우는 창문을 흐리게 하면서 한 해는 가고 또 다른 시간이 다가오는데 나는 여전히 그 자리에서 버티듯 살아온 것만 같다.

시간의 매듭은 일정하게 지어지는 것이 아니라 젊고 푸를 때는 확실한 골격을 지며 빠르게 이어지던 것들이 나이가 들면서 꼬이고 무엇인가를 양보를 해야만 하는 허무함으로 내 자리를 잃어가면서 그들에게서 조금씩 멀어지는 구름 발걸음을 배운다.

누군가 그때의 나처럼 무너지는 모습을 보았다. 영리하면서 정당하고 애끓고 푸르고 젊은 그 아픔이 토해내는 울분을 가만히 보고 있노라면 그때의 나였지, 하는 생각이 든다.

그가 내 앞에 앉아서 지난날의 나를 닮은 소리를 한다. 청춘이 밀고 오는 소리가 파도처럼 나를 두드린다. 때로는 나의 두꺼운 벽을 넘어오지 못하고 스스로 무너지고 만다. 서쪽으로 지는 해를 나만 본 듯 너울지는 그림자가 흐린 것도 내 눈에만 보인다. 그의 중심에서 무너지는 열병이 온몸에 열꽃을 피우는 시간, 쉼 없이 울어대며 다가오는 기차의 숨소리가 들려온다. 멀리 달아난 내 세월과 눈앞 그의 세월도 그렇게 지나가고, 지나간다.

이제는 가만히 앉아서 오는 겨울을 맞지 않아도 된다. 언덕 너머 나의 피신처를 찾아갈 곳이 생겼다. 그곳으로 가는 길에 몇 개의 구불 길과 물빛 호수와 작은 집들과 큰 나무들이 만든 그늘을 만난다. 나와 같이 가는 것들에는 머물러 기다리는 미래와 당겨오는 지난날의 시간이 함께 있다. 숨은 공간 터와 변두리 구석진 곳곳이 나를 바라본다. 어떤 변화를 꿈꾸며 지낼 수 있는 비밀스러운 공간은 지친 나를 기다리며 위로한다, 홀로 느끼는 자유가 머문 곳, 그곳을 찾아가는 길에서는 잊고 있었던 노래를 다시 부른다.

그 언덕 너머에 있는 집까지 가는 길이 아름다운 곳, 아파트 숲을 지나 다니는 성당앞을 거쳐 예술의 전당을 지나노라면 지나온 시간을 데리고 어딘가로 같이 여행을 떠나는 기분이 든다. 신호대기에서 기다림의 여유가 있고 산길을 꺾어져 돌아가는 길에 누군가 나를 보는 듯 설렘이 숨어 있다.

사월, 호수공원 입구에 들어서면 바람을 이기지 못하고 흩날리는 벚꽃과 소화의 밭을 지나간다. 늪지대를 지나 무궁화 숲과 푸른 갈대밭 너머 여름 뙤약볕 아래에 서면 숨은 나무 의자를 찾게 된다. 소소한 것들이 눈에 들어와 지금 보고 있는 것들과 가슴에 재인 슬픔을 바꿀 수 있다는 생각도 든다. 일정한 거리를 두고 천천히 걸으면 내 안에 깊숙이 자리하고 있는 그늘막이 거둬지면서 또 다른 나의 모습이 보인다.

언덕을 넘어와 빈 땅에 꽃씨를 뿌리고 레몬수박 모종을 심고 오이, 가지 넝쿨이 대나무 가지를 타고 가는 것을 바라보며 기쁨을 누리고 동네 낯선 사람들과 대화를 나누면서 지내는 시간, 살았던 어느 곳에선가 멀어지는 기분이 들어서 해가 질 때까지 집으로 돌아가지 않아도 되는 느림의 시간을 갖는다.

내내 만났던 사람도 그곳에서 다시 보면 새롭다. 기차가 지나가며 흔들어놓은 백일홍꽃을 보면 그 소리가 남긴 끝자락에 나도 모르게 조용히 평화라는 말을 중얼거리고 가슴에 손을 모은다.

언덕 너머 그곳은 자연의 순리대로 움직여서 그것을 정리해주는 질서가 나름대로 있어 꽃씨를 뿌린 자리에 무더기로 백일홍이 피어도 다투어 피지 않고 제가 피어야 할 자리에서 수줍게 핀다. 한

송이송이 색깔이 주위와 어우러지고 작고 낮은 채송화가 홑겹으로 피어 아기처럼 환하다. 낮달맞이 꽃은 낮에는 달처럼 피다가 밤에는 곤하게 잠이 들고 아침이면 싱그럽게 피다가 보이지 않는 사이 조용히 꽃이 진다.

일상이 단조로운 것 같아도 그물망이 쳐지지 않은 사이를 알고 숨죽이며 다가오는 고라니의 발길을 눈치채야 하고 산비둘기가 노리는 여린 콩잎을 지켜야 하고 앞집 고양이가 드나드는 길을 바라보는 것과 여린 사과를 갉는 노린재를 늦게 발견하는 안타까움을 겪어야 한다. 그래도 남의 산에 맺힌 사과꽃 향기가 내 땅에 들고 한 쌍의 꿩이 뒤뚱거리며 언덕을 오르는 모습이 즐겁고 초여름 내내 들려오는 뻐꾸기 소리가 한적한 대낮의 동네에 퍼지고 잔 꽃들이 잔치마당처럼 흐드러지게 피다가 지기 시작하면 산 밤이 열리고 가을이 이만큼에서 익어간다

사람과 만남이 부딪힘으로 오면 이제는 곧 지치고 만다. 나보다 젊은 사람의 머리 씀에 나이 먹은 이는 슬픈 마음으로 그것을 이겨낸다. 나도 그 시절 어느 때인가는 그런 모습으로 지나왔다고 생각을 하면 지금 겪는 슬픔이라는 값은 더 내려놓아야 한다. 농막이 그 길을 알려 주었다.

농막에 다다르는 언덕을 넘을 때면 내가 지나온 길이 보인다. 쓴내 나는 세월을 언덕 위에 우두커니 서서 돌아보면 그 길이 아련하고 가난하기도 하여 무엇을 내세울 것이 없다. 그 부족함이 나

를 강하게 만든 젊은 날의 보챔과 침묵의 대립했던 시간이 그 언덕을 오르고 내리는데 그려지고 지워지면서 구도의 길을 걷게 한다.

기차가 지나간다

일을 줄일 나이에 일 하나가 생겼다. 그것은 땅을 가까이 바라보며 거기에 골똘하고 땀을 흘리는 작업을 하는, 자연 앞에서 나를 추스르고 나를 다시 보는 시간이 주어진 일이다.

흙을 보며 때를 맞춰 일을 시작하고 저녁이 오면 욕심 없이 휴식의 자리로 돌아오는 자연을 닮은 사람이 된 것이다. 흙을 스치는 바람과 햇볕과 한낮에 멀리서 우는 뻐꾸기의 울음소리가 가까이 들릴 때 한없이 자연에 가까워지는 어제의 나와는 다른 내가 되어 있다는 것에 그냥 그대로인 나를 볼 수 있는 기쁨을 만나게 된 일이 요즈음의 내 모습이다.

조그마한 땅을 갖게 되면서 세상을 바라보는 집착에서 벗어나게 되었다. 흙을 만지고 갈고 고랑을 치고 길을 내면서 물길을 만들고 새가 앉는 항아리에 물을 채우고 두둑에 딸기를 심었다.

아파트 안에서 가꾸던 방풍나물을 옮겨와 향이 좋은 당귀와 같은 줄에 심고 토마토와 수확을 자신할 수 없는 사과수박과 참외까지 심고 나니 더 많은 것들에 관심이 갔다. 머위와 두릅, 더덕을 언덕에 심고 호박 모종을 하고 알뿌리는 모아 묻었다. 원예농협에 들러 사과나무와 대추나무, 복숭아, 매실나무, 감나무, 포도나무를 심는 일이 올봄에 다 이루어진 일이다.

개수에 저울질하지 않고 식물을 가꾸고 싶은 마음으로 심고 나면 몸은 고단하여도 저녁 어둠이 아쉬웠다. 늦게까지 어둠을 호미질하는 자신을 종종 보게 되었다.

동이 트면 무엇인가를 시작하는 바지런함을 배우게 되었다. 새벽을 여는 길을 밟아 기지개를 켜는 그 땅에 들어서 풀을 메고 물을 주고 이랑을 다듬고 하루마다 다르게 씨앗을 뿌리고 모종을 심으면서 작은 세상 하나가 만들어지는 기쁨을 맛보았다.

내 정성은 서툴러 날마다 시든 새잎을 지켜보고 다시 심어도 그것들을 지켜보는 일은 젖은 땅에서 묻어오는 뿌리처럼 알찬 기다림을 갖게 하였다.

시작에는 작은 것들만 심어지고 뿌려져 그늘이 있을 수 없다. 그늘이 만들어질 때까지 키 작은 나무를 오래 바라보아야 한다. 여러 번의 계절을 지나야 하고 몇 번은 호되게 날씨의 변화에 갈등을 겪어야 할 것이다.

언제부터인가 제시간에 모치가 날아와 물을 받아놓은 항아리에 앉아 물을 마시고 간다는 것을 알게 되었다. 날개가 푸른 새와의 기다림이라는 것을 갖다니 인간이 아닌 다른 것과의 인연은 처음이자 각별하여 종종 유리창 너머 숨은 듯 그 모습을 바라보았다.

오후가 되어 땡볕 아래 그늘이 내려앉으면 산비탈에서 꿩이 푸덕거리며 미끄러지면 밤꽃이 상처를 받아 제 몸을 문지르고 산비둘기가 비밀스럽게 날아와 그 가지에 내려앉는다. 언덕에는 호박꽃이 피어 숨고 어린 대나무 순은 일어날 자리를 찾는다. 더덕 순 어린잎을 말아 감는 가시 잎을 치우고 나니 비둘기 두 마리가 싹 튼 콩밭에 슬쩍 숨어 앉는다.

찡찡거리며 라일락 화분을 놓고 간 석자 언니가 감자 꽃 순을 따줘야 한다고 연락이 와 실한 감자 먹겠다고 예쁜 꽃 보는 것을 접다니 스스로 매정하여 자주 꽃 자주감자, 하얀 꽃 하얀 감자 골진 노래를 부르며 툭툭 꽃 순을 잘랐다.

백일홍이 피는 것은 밭 두둑에서 보물을 보는 일이다. 오래전부터 백일홍을 심고 싶었다. 씨 뿌리고 한참을 애타게 하더니 어느 날 무심한 듯 반갑게 꽃을 피우고 이어 다투어 피기 시작하였다. 짙은 분홍, 여린 분홍, 붉은빛, 노란빛, 주황빛, 하얀빛까지 제 빛깔을 어쩌지 못하고 드러내며 수줍어하면 나는 한참을 그 앞에 앉아 설렌다. 봉숭아꽃도 밤새 이슬을 먹고 볼 붉게 피었다. 씨앗을 뿌려 놓고 지켜본 마음이 그 꽃 색깔처럼 물든다. 봉숭아꽃 때문에 손톱이 간지러워진다.

그곳에서 절정은 백일홍밭을 지나가는 열차 소리에 있다. 그 꽃에 눈을 맞추고 있을 때 어디선가 제시간에 맞춰 달려오는 기차의 폭음소리에 놀라 일어서면 처음 만난 사람을 보듯 낯설고 가슴이 뛴다. 콩닥거리는 심장 소리에 손을 얹으면 일정한 음을 내뿜으며 앞을 향해 직진하는 열차의 움직임에 마음을 뺏기고 기차 소리에 봉숭아 꽃 떨어지듯 어린 날 울타리 너머 바깥세상을 바라보던 떨린 눈길로 기차가 가는 길을 바라본다.

기차는 시간의 숨구멍을 뚫고 바람길을 따라 꽃밭을 흔들며 시간을 거슬러 지나간다. 그 소리는 지금 내가 일군 밭과 온갖 식물과 꽃들과 새들을 흔들어놓고 나의 안녕을 물으며 멀어진다.

기차는 생명이며 자연의 물질이라는 것을 밭을 일구면서 알게 되었다. 잡초를 뽑는 시간에 지나가는 기차는 맺힌 땀을 식게 한다. 화차의 열기로 뿜어내는 기적 소리에 순간 주위는 조용해지고 유려하게 지나가는 그 몸짓이 사라질 때까지 아침의 새들이 잠시 일렬로 대밭 가지에 앉아 정돈된 자세를 보인다. 그 모습들이 그림 액자 안에 들어와 풍경으로 앉고 추억의 뒷길로 사라지듯 기차의 뒷모습이 멀어지면 나는 다시 꽃밭 속으로 다가가 앉는다.

기차가 오는 시간을 기다린다. 정해진 시간에 기차는 기다림의 매듭을 풀면서 다가오고 온 동네가 울리도록 크게 울어 그 소리가 반갑다. 기적 소리가 울리는 동안 무거운 밤나무와 파란 어치가 대나무 가지에 앉고 동산에서 뻐꾸기가 울고 물이 담긴 항아리에 목을 축이는 새는 잠깐 멈춘 시간을 갖는다.

오늘처럼 폭우가 쏟아져 모두가 어딘가에 숨어들어도 시간에 길을 낸 기차는 내 앞을 의젓하게 지나 산 너머 끝을 향해 사라져간다. 기차가 지나간 뒤에 나는 또 일상의 일들을 반복하면서 호미를 들고 땅벌레의 움직임에 놀라면서 땅을 파다가 시간에 맞춰 다시 오는 기차를 기다린다. 그 기적 소리가 먼 곳에서부터 다가오면 어린 날 설레며 기차의 긴 의자에 훌쩍 올라탔던 것처럼 지금의 나를 다시 그 자리에 앉히는 꿈으로 환상의 기차가 오는 방향을 향해 고개를 든다.

꽃병을 들고

작은 꽃병을 꺼내 꽃을 꽂는 일은 드문 일인데 어쩌다 내게 온 꽃을 오래 두고 보게 되었다. 매서운 바람이 부는 날 어릴 적 친구가 가슴에 품고 와 안겨준 꽃을 화병에 꽂아두고 오래 보고 있자니 살아왔던 어려운 시절이 저절로 떠올랐다. 뜻밖에 고향을 찾은 친구는 예전에 살았던 골목을 지나며 꽃을 만났다고 눈이 부실만큼 예쁜 꽃을 가져와 그대로 내게 안겨주었다.

그 꽃은 어린 시절을 안고 뛰어놀던 골목의 내력을 풀어내었다. 오래된 시간과 연결하며 흩어져 버린 시간을 모아왔다. 부뚜막에 앉아 나와 밥을 나누었던 친구가 서울로 떠났을 때 나도 서울에 가고 싶었다. 그 뒤 친구는 서울 사람이 되었고 나는 그대로 고향 지킴이가 되었다.

명산동 시장과 월명동 공원을 오르고 수시 탑을 바라보며 해망동 바람을 쐬었던 시절이 내가 고향을 지키며 한 일이다. 교복을 입던 시절에는 좁은 오룡동 말랭이를 오르내리며 지냈고 그 옆 삼학동에 있는 직장을 다니면서 결국 이곳을 벗어나지 못했다.

친구에 대한 소식이 어쩌다 들려오면 바람처럼 스쳐 가기를 바라는 안타까운 내용도 있었지만 믿을 수 없는 일이라 생각하고 귀를 씻었다. 흥미진진하게 살아가는 모습이 한 장의 엽서로 날아올 때 그것은 친구가 살아가는 확연하고 또렷한 사실이 되어 내게 힘이 되었다.

그 많던 시간이 어떻게 흘러갔을까, 고달픈 서울 생활로 어린 시절을 가슴에 간직한 채 한동안은 소식도 없이 지내다가 꿈을 이룬 친구의 소식은 점점 분명하게 들려왔다. 추억은 지나가는 것이 아니고 기다림으로 오는 것, 공원 근처에서 흰 깃을 세우고 일렬로 늘어서 찍은 한 장의 사진이 다시 살아나 희미하게 웃는 것을 보면 잠들다 깨어난 세월이 다시 인생의 길라잡이로 살아난다.

살면서 꽃은 들에만 있는 것, 꽃은 산에만 있는 것으로 생각하고 살았는데 친구는 꽃집 유리문을 밀치고 들어가 다발의 꽃을 사 나에게 들려줬을 때 시간의 흐름 값인가, 세월을 살아내 맺힌 열매인 듯해서 한동안 그 꽃에서 눈을 떼지 못했다.

은파 저수지 둑의 꽃들을 보며 그동안 살아온 이력과 거슬러 살았던 수없이 많은 시간을 이겨내며 진실을 꿈꾸며 혼자 고독했던 시간, 세상일이 그대로 이루어지지 않았던 갈등과 모순의 일들, 물빛 다리에 기대어 우울한 시간을 가졌던 일들이 살아나 꽃병 앞에서 있는 시간이 길어졌다.

잘 살고 싶다는 것은 무엇을 말하는 것이었을까, 완전한 형태로 맺어지는 일은 드물고 그 정점 어디에 다다르기 위해 애를 썼고 결점이 없이 순수한 일의 대가는 이루어지지 않아 그늘에서 고달팠던 시절, 서울 생활 친구도 그랬을까 생각하면 눈물이 난다.

우리가 나눴던 삶의 소리가 다시 들려오고 골목 어딘가에서 하늘을 향해 내질렀던 짐승의 소리를 닮은 울음을 지켜보던 저녁 으스름 가로등 불빛이 지금 꽃병 안에서 흔들리고 있다.

기도하듯 꽃병의 물을 갈아주고 다시 일어나는 꽃을 보면서 그만큼의 기억이 다시 살아나 시간이 주는 생명의 무한함을 느낀다. 꽃들이 보여 준 일들이 얼마나 많았는지 꽃이 그대로 시들어 사라져도 함께 한 시간과 곱게 피어나 내 안에 안겨준 것을 생각하면 머물다 간 시간이 그만큼 소중해진다.

꽃병을 물을 갈아 줄 때가 되었다. 물을 주면 다시 일어나는 꽃, 시간을 엮는 꽃이 집안 여기저기 향기를 품고 있다. 친구가 준 꽃은 내게 오래 머무르며 피고 또 피고 있다.

젬마가 뛰어가는 곳

어쩌다 잠깐의 틈이 있을 때 젬마를 보게 된다. 약속이 없이 우연히 만나는 젬마는 나처럼 항상 바쁘다. 만나면 짧게 현실적인 얘기를 하거나 요즘의 생각을 말하기도 하는데 어느 날 일하는 직장 골목에서 시끄럽고 음흉하게 우는 고양이 얘기를 했다. 왜 사랑을 그따위로 하느냐고, 예쁘게 좀 울지, 하며 목소리 톤을 높이다가 그래도 나보다는 낫네, 하여 서로 키득키득 웃다가 일할 시간이 되었다고 급히 나갔다. 유리문 밖 길을 건너 바쁘게 총총 뛰어가는 뒷모습이 눈에 들어왔다. 젬마가 뒤를 보이며 뛰어가는 모습, 갑자기 젬마에게 어떤 새로운 일이 일어났으면 더 행복할 것 같다는 생각이 들었다. 따뜻한 사람에게서 품어나오는 명랑한 모습을 가진 젬마가 한낮에 어디론가 뛰어가는 모습은 왜 그런지 외로워 보였다.

한 번쯤 인생이 마음대로 살아지면 안 될까, 사는 동안 삶을 바꿀 기회가 주어진다면 무슨 꿈을 꾸고 싶을까, 생각을 닫고 뛰어가는 젬마의 모습이 세상을 살아내는 소리로 들린다. 젬마가 편의점 모서리를 돌아간다. 골목을 돌아가는 뒷모습에서 젬마의 마음이 보인다. 살면서 울어보고 싶었던 마음을 드러내지 않는 명랑함과 단호함이 오히려 여린 모습보다 더 아릴 때가 있다. 젬마의 마음이 숨어 있는 뒷모습, 총총 뛰어가는 모습이 사라질 때까지 그 짧은 순간을 지켜보면서 결코 젬마가 운명에 순응하지 않기를 처음으로 바랐다. 현실을 이겨내는 어떤 방법은 없을까, 젬마의 편이 되어주고 싶다.

인생을 억울하게 느낄 때가 있었다. 시작부터 삶에 얼룩졌던 무늬들을 가짜의 평화로 포장하며 세상에 순응하듯 살다가 그것들이 겉으로 드러나 내 잘못이 아니면서도 스스로 자책했던 순간들, 피로의 나날을 껴안고 부대끼며 보낸다는 것은 내 그물 안에 나를 엮는 몸부림이었다.

울어보아라, 우리의 지난 시간, 가만히 있으면 눈물은 풀어지지 않고 응고되어 마음의 문을 닫히게 한다. 내 안의 눈으로만 바라보는 세상은 지나치게 우울하여 밤을 꼬박 지새우게 하고 낮을 혼돈으로 몰고 간다.

보이지 않는 눈은 슬픔을 건너가는 강의 물결과 같다. 닿을 것 같은 거리의 아득함, 물살이 내려치는 그곳에 남는 것이 무엇이었던가, 닿아야 할 강기슭이 멀기만 하다.

젬마, 그렇더라. 젬마의 슬픔을 알기 전에 내 슬픔을 말하고 싶은 것은 어쩌면 내 마음이 젬마의 마음일 수 있기 때문이다.

젬마, 또다시 고양이가 사랑 짓으로 울면 어떻게 할까. 우리가 작전을 교묘히 짠다 해도 별 볼 일 없겠지만 미운 그놈들을 생각하면서 쓸데없이 시간을 소비한다 해도 그것이 우리의 인생에 뜻밖의 활력이 될 수도 있고 삶이 진지해지면 슬퍼지고 앞으로 나아갈 수가 없어 그늘에 갇혀 또 울게 되지. 나를 바라보는 시간에 갇혀 있으면 오히려 내가 더 작아지는 것을 느껴 나를 그 어딘가를 내몰며 더 깊은 곳으로 내려가 이윽고 나를 잃게 되지.

더 깊이 내려가지 않기를, 때로는 보이는 만큼만 보기를, 이렇게 사는 것에서 그 이상 흐려지지 않기를, 반짝 울기를.

한낮 빛이 있던 곳을 향해 뛰어가던 젬마의 뒷모습을 따라가는 내 생각이 길어진다.

젬마가 헤어질 때 항상 "나를 너무 걱정하지 마세요, 그렇다고 너무 잘할 거라고 기대도 하지 마세요" 꾸밈없이 말하고 웃으면서 사라지던 모습이 환한 빛 속에 음각의 그림자로 남아 사라지지 않고 있다.

기억의 방

내 기억의 방에는 시간의 입자들이 잠들어 있다. 어느 날은 그 묵은 시간이 부유하며 창문 밖의 세상을 그리워한다. 날씨가 흐리거나 비가 오면 잠들어 있던 시간이 먼지처럼 부옇게 일어나 내 앞에 선다.

지난 시간은 한낮을 비껴가는 그림자다. 그 시간의 벽에 그림자가 물들어 아른거리면 그것은 오래 바라보아야 할 따뜻한 얼룩이다. 그림자 하나가 창을 넘어와 너울지면 보고 싶은 얼굴이 떠오른다. 기억은 시간을 빼앗는 고통의 분절이기도 하다. 그러면서 해가 뜨는 시간보다 더 일찍 하루를 시작하고 삶의 오기로 허기를 달랬던, 늘 시달린 그런 날들을 큰 나무 그늘에서 쉬어갈 수 있었던 것은 삶이 주는 힘이다. 그늘이 되어준 사람이 있어 지금까지 잘 걸어올 수 있었고 나도 누군가의 뒷면을 볼 수 있는 눈을 배워 세상의 어두운 구석을 볼 수 있게 되었다.

기억은 여유 있는 자에게는 그냥 스쳐 가는 일이지만 그렇지 않은 사람에게는 지나간 바람이 남긴 길을 오래도록 바라보게 한다. 흐르는 시간에도 살아 숨 쉬는 어떤 생명체가 있다는 생각이 든다. 힘들게 산 날들이 그렇게 흘러서 과거의 방에 저장이 되어 있다가 한 번씩 깨어나 꿈속의 일들을 다시 보여준다.

빈방 어느 틈에서 잠들어 있다가 나온 한 장의 사진을 발견할 때가 있었다. 기억은 마술 같아서 내내 생각을 하지 못하고 있다가 우연히 한 장의 사진으로 다가오면 지난 시간이 한번에 몰려와 기억의 창고를 더듬게 한다. 그곳에 내가 서 있고, 웃고 있고, 나무 그늘에서 쉬고 있고, 어느 순간에는 더 역동적으로 우는 아이 옆에서 정지된 모습으로 웃고 있는 나를 발견한다. 시간을 부수고 빠져나오는 과거의 모든 일이 밤하늘의 은하수처럼 퍼져 버린다.

과거는 바람에 색깔을 입힌 햇살과 같다. 실물보다 더 아름다운 그림자로 벽을 물들게 한다. 그림자로 다가오는 지난날들을 기쁘게 맞을 수 있다면 얼마나 좋을까, 슬픔이 고인 햇살의 그림자가 아른거리면 집 전체가 한동안 흔들린다.

동쪽을 튼 아침 햇살은 앞으로 걸어가고 하루를 마무리하는 태양의 그림자는 돌아온 길을 바라보고 있다. 한낮의 정점에서 보았던 진한 그림자가 기억의 방으로 들어가 온 방을 헤매면 그 뒤의 시간이 길어진다.

먼바다를 건너온 바람과 칡꽃 향을 품고 있는 깊은 산속의 냄새,

가고 또 간 길을 다시 가도 지울 수 없는 길과 한 아이가 울던 기억과 웃으며 달렸던 기쁜 음절이 되살아나 큰 그림으로 움직인다. 그것을 저장한 기억이라는 이름은 세차게 흐르는 물의 속도로, 오월의 꽃으로 무더기로 피어 나를 흔든다.

기억의 두께와 저장의 부피는 어떻게 엮어져 있는 것일까. 지난 사연 하나가 불쑥 튀어나와 나를 혼란스럽게 하면 종종 그 두 개를 빗대어 저울질해보며 시간을 보낼 때가 있다.

내가 안고 있는 상처는 내 몸의 세포와 같다. 죽어도 사라지지 않을 것 같은 상처가 너울너울 춤을 추면 방안의 모든 것들은 숨을 죽이며 나를 위로해야 한다.

내 몸은 상처를 담은 방이다. 세월은 용감하게 상처만 준 게 아니라 거기에 더해 고뇌와 고통까지 더해 주었다. 그래놓고 그것을 다스릴 용기와 작은 지혜를 주어 상처가 난 곳을 아물게 한다.

매듭이 지어진 그 자리를 사람들이 위로하며 지나간다. 신작로처럼 펼쳐진 그 자리에 내가 서 있으면 슬픈 노래를 부르면서 가는 사람들이 보인다. 앞을 향해 멀리 걸어가고 있는 그 길이 어디로 향하는지 알 수 없다.

인생을 다 말하기에는 아직 이른 나이, 그런 혼란스러운 가운데 한나절 용서를 구하는 시간을 갖고 저녁에 다시 기도를 바치는 행위는 인생의 어느 구간을 지나는 시점에서 벌어지는 일일까. 내 기억의 방을 열어보면 무엇이 가장 많이 들어있을까. 과거라는 물체 안으로 빠르게 흡수되는 미래가 때로는 두렵다. 그러면서 조용히 내 어느 한쪽에 반기를 들며 저항하던 시간과 위로의 시간을 함께 가지는 여유는 어디에서 오는 것인지 알 수 없다. 내가 더 멀리 앞을 향해 날아갈 때 기억의 방은 조용히 나를 기다리면서 문을 열어 놓는다. 한 발 두 발 다가오며 길을 안내한다.

기억은 가끔 내 곁으로 와 혼자 있는 나를 지켜 주고 다독여 준다. 잘 가꾸어진 모습도 흐트러진 여유도 때로는 꿈같이 흘러간다. 그 시간 안에는 향기가 있다. 시간이 품은 향기를 느낄 때 행복하다. 과거란 이름이 때로는 귀찮고 거칠게 다가올 때가 있지만 파도처럼 다가왔다가 멀리 물결치며 사라지며 많은 것을 용서하게 된다. 집착을 벗어나는 여유를 흐르는 시간에서 배운다.

세월은 나에게 기억이라는 선물을 주었다. 내가 한 일들을 차곡차곡 쌓아 놓고서 어느 날 빗장을 열어 하나씩 꺼내어 보면 삶의 곡선이 드러난다. 고비를 잘 넘길 때마다 그물을 빠져나와 다시 물속을 유영하는 물고기의 자유를 느낀다. 그곳의 부유물들이 내 몸 어딘가에 반짝거린다.

밤비

밤을 쓰고 싶은 날이 있다. 밤이 나와 얼마나 친숙한지 말하기 위해서 밤이 오기 전 서성이던 낮의 걸음을, 종일 비가 오는 날이면 거기 젖어 있다가 비 오는 밤의 시간에 맞춰 또박또박 짚어가는 어둠의 길을, 까만 밤이 얼마나 반짝이는지 끝없이 풀어내고 싶다.

나이가 들어갈수록 하루가 짧다. 해가 뉘엿뉘엿 넘어가고 해 그늘이 드리워지기 시작하면 오늘이 벌써 다 간 듯 미리 하루를 정리해야 할 것만 같다. 하루라고 말을 하지만 그 하루가 인생이 되기도 하고 시간에 매듭지어진 순간이 노동의 날이 되기도 한다. 때로는 새로운 사랑이 엮여 하루가 주는 의미가 벅찰 때도 있고 힘들 때도 있다. 그 시간 안에서 완전한 기쁨을 누리기는 어렵다. 수고한 것보다 얻는 것이 적은 것만 같아 하루가 허전할 때도 많다.

하루를 지나온 그림자가 온전히 나만을 지켜내기 위해 흔들린 것만은 아니다. 비록 약한 사람이기는 하지만 공동선에 맞추어 작은 무엇인가를 해야 하고 큰 그림은 못되어도 그 중간의 어디쯤을 지날 때 약간의 위로와 희망을 얻기도 하고 주기도 하며 다시 다음 시간에 나를 기대게 한다.

오늘 낮은 즐거웠다. 길을 알 수 없는 집을 찾아 나섰지만 새롭게 트인 산길을 걷다가 만났던 사람들로 흥미로웠다. 산밑에 자리한 남향집에 들어설 때는 잠시 멈추어 둘러보았다. 바람이 고인 자리에 끝없이 푸른 들판이 보이고 키 작은 백일홍과 늘어진 감나무 가지가 비를 맞고 있었다. 그 앞에서 서 있는 나도 한 장의 그림이 되지 않을까 생각했다.

산 아래 집을 향해 너른 들판에서 밀려오는 비가 종일 처마 끝에 머물러 우리가 하는 얘기를 엿듣는 듯했다. 하루를 살아낸 이야기와 오래 묵어 전설이 된 사연이 다시 실화로 살아나는 것만 같았다. 온 방에 옛 얘기처럼 뿌려지는 우리들의 이야기를 비가 듣고 있었다.

시간은 비처럼 그 집 처마를 타고 흘러 들판을 지나 낮을 보내다가 신호등 사거리 교차로를 지나 내 집안에까지 들어왔다. 오롯이 나만 보는 밤의 시간이 내 앞에 앉아있다. 약간은 피곤하고 나른하며 낮의 웃음이 채 가지지 않은 나를 안는 밤비가 그대로 자연의 소리가 되어 어떤 환상의 세계로 나를 이끌어 간다.

작은 공원은 빗물에 젖어 어둡고 나뭇잎은 퍼덕이는 새의 날개처럼 무겁다. 세상의 문을 처음 두드리는 것처럼 조심스럽게 심장이 뛴다. 아무도 없는 한적한 길에서 퍼붓는 굵은 비를 맞으며 빗속을 질주하던 젊은 날의 모습이 아직도 신작로를 뛰어가고 있고 낮과 밤을 구별할 수 없는 그늘진 그림자가 앞에 있다. 알 수 없는 밝은 세상을 향해 꿈의 날개를 쳤던 외로움과 고독이 버무려진 그 시간이 차분하게 정돈되어 가난한 흑백의 영상으로 펼쳐진다. 밤의 향연에 초대되어 독백의 무대에 누군가가 스며들어 내 영혼을 맑게 하는 치유제를 주고 간다. 빗소리인가, 마치 일 만 년 전의 영상을 몰고 와 앞에서 춤을 추며 친구가 되어주어 크게 위안이 되어 준다.

고개를 숙인 가로등 위로 사정없이 비가 내리고 수직으로 땅에 떨어져 어딘가로 흘러간다.

비는 그치지 않고 내리면서 시간의 길을 튼다. 밤비가 내리는 길을 따라 생각이 이어진다. 그 길을 따라가다 보면 접힌 마음이 어느새 펴져 있다. 통증이 맑게 씻겨지고 꽃씨라도 움 틔울 양 새로운 기운을 느낀다. 잠깐 돋아나는 변명의 사연도 나를 다시 보게 하는 의지를 키워주고 그를 새롭게 생각하게 한다.

비는 여전히 나를 보며 고뇌에 젖는다. 그 고뇌는 밤의 무게이다. 갇힌 무게가 아닌 자유로운 밤하늘의 영상이다. 나는 이런 어둠 속에서 홀로 하늘을 보는 것을 좋아한다. 때로는 낮을 잊고 새벽의 시간은 아직 모르며 오직 이 상태로인 그 무한함 속에 갇힌 그 상태에서 나를 보는 것을 좋아한다.

밤은 창밖에서 비를 안은 채 나를 보고 있다. 나를 보는 것, 나를 사랑하는 느낌 이대로 날을 새는가, 그것을 서로 지켜보면서 밤은 어느새 어느 한 분기점을 지나가고 있다. 낮부터 밤까지 길을 이어놓은 비는 아직 그칠 기세가 없다. 그 밤에 잠겨 내 생각은 숨을 쉬고 있다.

써니의 시간

그때의 집은 왜 어둡고 머물면 고요하기만 했을까, 그곳은 낮은 찬장이 덩그러니 자리를 잡고 가끔 물항아리 안으로 물이 떨어지는 깊은 소리가 아침을 불러오면 북쪽으로 난 창으로 느리게 들어오는 아침 햇살이 잠깐 스며들곤 했다.

따뜻한 아랫목이 아이들을 불러들여 작은 배려도 우리에게는 큰 친절이었던 시절, 무엇이든 부족하여 조금만 있어도 만족하게 느껴지는, 크지 않은 욕심으로 눈앞의 것만 채워지면 만족한 포만의 색깔이 있었다. 배고프면 조용하고 그렇지 않으면 막 뛰어다니던 신흥동 어느 말랭이길, 해가 지고 골목이 어두워지면 빛을 따라 다시 뛰어다니던 알 수 없는 무한의 갈급한 몸짓들은 정말 배고파서였을까, 마음이 허전해서였을까 하면 지금도 그 답을 다 알 수 없다.

검정 치마, 하얀 교복을 입으면 여린 마음은 쉽게 상처를 받고 칼날이 되는가 보다. 그 무명의 흰 색깔이 세상 밖에서 들려오는 소리에 젖어 듣기 시작한 것은 작은 트렌치스터 라디오 하나가 방에 들어오고부터이다. 점점 그 속에 빠져들어 그때부터 동네 열 바퀴 뛰던 것을 멈추고 방안 깊숙이 들어앉아 다른 세상을 만나게 되는 혼자만 치열한 자기 고독의 시간에 나를 갇히게 하였다.

누가 내일을 알 수 있을까, 잊고 있었던 지난 시간이 묻혀 따라와 하루를 즐겁게 해주다니! 오래전 일들, 아직 청춘이라고 말하기도 쑥스러운 바로 그 직전, 온몸의 세포가 제자리를 잡아가면서 꿈틀대기 시작하던 그때, 거리마다 별처럼 쏟아지던 순수의 행위들이 한바탕 시절 놀이를 하다가 그 나이를 통과해 버린 일들이 어디에 숨어 있다가 나왔을까, 사회에 물들어 가며 사람들을 만나고 상처를 받고 깨어지면서 어느 순간부터 자연스럽게 그 시절이 수채화처럼 남아 삶의 웃음과 힘이 되어주고 있다는 것을, 그 성장기가 떠오를 때마다 내게도 한때 밝게 빛나는 또렷한 기억 하나가 살아있다는 것에 저절로 힘이 날 때가 있다. 맞아, 그때는 그랬어 신기해하면 그 시절이 웃음으로 떠오른다.

늦게 만난 사람들과 어쩌다가 지난날을 얘기하면서 그는 강원도 어느 깊은 길에서, 나는 소도시의 영동 중심가에서 상점 밖으로 다투며 쏟아지던 음악 소리를 들으며 거리를 돌아다녔던 시절이 똑같이 있었다는 것에 그 시절을 닮은 모습으로 손뼉을 치며 좋아했다. 다시 돌아가 보는 회생의 시간, 조금은 아슬아슬했던 시절이 반가운 것은 지금은 잃어버린 순수함이 거기에 고스란히 남아 살아있었기 때문이다.

친구 한 명이 있으면 시내로 나가는 길이 환해진다. 어제를 잊고 무작정 앞으로 간다, 그렇게 신이 나면 혼란스러움이 어떻게 춤을 추는지 내 몸에 감기는 열감으로 알 수 있다. 세상 밖으로 나가는 나, 명동거리는 우아한 세상, 마음이 춤을 추는 각도, 상점 유리창마다 꽂히며 너울댄다. 가게 안 사람이 무슨 소리를 하는지 들리지 않아도 알아. 내 마음도 그런걸, 심장 뛰는 소리가 북소리인가, 끊이지 않고 가게 안에 울려도 반쯤 더 높은 우리의 목소리가 튀어 올라 내 귀에 그대로 박힌다

신풍동 부잣집 친구 아버지가 차린 지하 음악다방 입구로 써니들이 잽싸게 내려간다. 친구도 아니고 애인도 아니고 다정한 그들이 가까워지는 시간, 음악에 젖는 어두운 방은 써니가 애인을 만들어 가는 시간으로 흐른다. 청자켓을 입은 디제이가 아무리 사랑을 외쳐도 그것을 알 수 없는 막연함으로, 그렇지만 가슴이 뛰는 꿈같은 시간을 찾아 지하 구석을 헤맨다.

알 수 없는 사랑을 왜 그 순간 있다가 사라져 버린 것처럼 그리워했을까, 가슴에서 빚은 여린 감정이 씨앗을 트면 몇 날은 대상이 없는 편지를 쓴다.

환청처럼 들려오는 노랫소리가 영화의 마지막 장면처럼 내 앞에 펼쳐진다. 이해할 수 없었던 너무 아픈 사랑과, 군대 간 이등병의 편지를 알고 싶었던, 아프지 않으면서 아픈 것 같았던, 사랑하지

않으면서 깊이 앓았던 흔적이 각인된 그 시절을 가끔은 혼자 부르는 노래로 떠올린다.

그늘이 진 음악 소리가 작은 발디딤으로 뛰며 날마다 가슴을 적시고 어딘가를 바라보며 무엇인가를 기다리는, 까닭이 없는 사연이 방을 맴돌던, 내가 나에게 빠져 있는 모습을 누가 보았을까, 어느 날은 친구가 왔다가 너무 조용하여서 소리 없이 돌아가기도 한 곳, 비틀어진 것 하나 없이도 무너질 수 있다는 것을 그 시간이 알려 주었다. 느린 박자를 따라가는 오목 가슴이 자꾸 문밖으로 나가고, 그때가 그럴 때였나, 기다린 사랑이 흔적없이 가버린 것처럼 그 시절이 지나갔다.

써니의 시절, 다시 다가와 선명한 장면으로 떠오르면 잃어버린 순수의 골목과 다시 만나는 것 같아서 가슴이 뛰면서 영화의 필름처럼 다가오고 나만 아는 그늘에 앉아 그때를 다시 보게 한다.

반가운 타인

오늘도 그가 내 옆을 쉭 지나간다. 일정한 보폭으로 양손을 흔들며 고개를 앞으로 내밀고 사력을 다해 넘어질 듯 뛰어가고 있다. 어디서부터 온 걸음인지 알 수 없지만 깡마른 몸으로 얼굴을 일그러진 채 오로지 앞만을 보며 가는 모습에서 살아야겠다는 의지가 강하게 보인다. 처음 보일 때는 잃은 건강을 되찾기 위해서 이 길에 나와 은파 저수지를 한 바퀴 도는 힘든 모습이 눈에 들어오더니 하루도 빠짐없이 투사처럼 뛰고 있는 모습에 단단한 그의 각오가 내게도 각인되었다. 그는 많이 아팠었나 보다. 한쪽 몸이 불편한 자세로 기울고 몸은 심하게 마른 채로 온몸을 쥐어짜며 최대한 빠르게 걸음을 옮기며 호수공원을 돈다. 내가 어쩌다 그 길을 지나갈 때면 같은 뜀으로 호숫길 가를 뛰는 그를 보게 되는데 그는 하루도 쉬지 않고 이 길을 뛰고 있었다는 것을 시간이 흐르면서 점점 유연해지는 몸을 보면 알게 되었다. 벌써 몇 년째 시계가 도는 것처럼 일정한 방향으로 똑같은 보폭으로 흐트러짐이 없이 그렇게 돌고 있다. 초침과 분침의 시곗바늘처럼 같은 동작으로 앞을 향해 가는 모습, 잠자는 몸을 바수어 다시 짜 맞추기라도 하듯 틀을 벗어나지 않는 기계적인 몸짓으로 심장의 박동 소리에 맞춰 호숫가를 돈다. 굳은 몸을 물처럼 움직이게 만들어야겠다는 대단한 각오로 물빛의 그림자처럼 흔들리며 나무 아래를 스쳐 지나간다. 마치 영화의 스틸 장면처럼 지나가면서 오늘도 안녕이라고 하는 것 같다. 그의 마음이 마치 허약한 어제는 이제 안녕, 안녕이라고 말하면서 지나간다. 오늘 하루를 엮어가는 그 영상에 나도 힘있게 박수를 보내며 응원의 힘을 보태게 된다. 시간을 무찌르며 지나가는 사나이, 그의 오늘의 철학은 몸을 움직이는 것과 지금을 극복해 나가는 것, 병은 갑자기 다가왔지만 그것을 이겨내고자 하는 강한 욕구가 그대로 표출되어 스치고 지나가는 길마다 땀으로 뿌려져 있다. 기다리지 않아도 그냥 다가오는 시간과 계절을 뛰는 걸음에 맞추어 정면 도전을 하듯 사투를 벌이면서 투쟁하듯 이겨내고 있다. 마치 인생 제로에서 진정한 승리를 뽑아내는 그의 단련되어가는 사생결단의 고집스러운 모습이 삶의 각오를 새롭게 한다.

그의 몸이 봄 잔바람 속에서도 뛰고 여름 무더위 속을 무겁게 지나가고 단풍 진 계절을 넘어 작은 뜀으로 눈길을 넘어지지 않으면서 한 해를 또 지나간다. 오래된 계절이 묵묵히 그를 지켜보고 손을 흔들 때마다 그는 어떤 힘을 얻어 고개를 비틀며 더 열심히 뛰고 또 뛴다. 소금의 결정체로 응고된 검게 탄 전신이 진을 빼며 뜨거운 태양 아래를 지나간다. 멈춤이 없는 긴 시간의 거리를 얼마나 단축키며 달려왔을까, 풀어내는 응어리가 길바닥 곳곳마다 뿌려있다. 남은 인생의 초점이 맞춰진 곳을 향해 시간을 헤치며 내 옆을 빠르게 지나가는 낯익은 타인, 그를 응원한다. 뛰어라, 불편을 털어내고자 사력을 다하는 당신의 몸에 달라붙은 병마가 어느 날 그 이상 함께 하지 못하고 길가 어딘가 수풀로 내쳐진 채 사라질 것이다.

지금이 그때

나에게 어느 한순간이라도 완벽하게 좋은 날이 있었는지 생각을 해보면 긍정의 답을 내리기가 어렵다. 한순간이 어느 만큼의 집약된 길이를 말하는 것인지 묻고 보면 감정에 따라 시간이 변했기 때문이다. 일정한 시간 안에 흐르는 기쁨의 길이와 슬픔의 온도가 다르기 때문이다. 기쁨의 잔상이 남긴 따뜻함이 슬픔 뒤에 오는 그늘을 이기지 못할 때가 있다.

별을 찾다가 길게 늘어선 가로등의 불빛에 물들어 그 그늘의 뒤를 따라가지 못하고 그 자리에 머물러 그만큼에서 나를 내려놓을 때가 있었다.

많은 사람과 만났던 낮의 시간을 생각해 보면 그 하루의 일이 다 생각이 나지 않고 시간이 흐르고 난 뒤 점점 다가온 어둠 속에서 기억이 되살아나 하루가 지금부터 시작되는 것처럼 다가올 때가 있다.

낙엽이 쓸려간 공간을 채우는 시간의 농도, 빈 들판 넘어 불어오는 바람의 발걸음, 쓸쓸하다 하여도 그 뒤에 채워지는 기억의 잔상이 항상 나와 함께 한다. 내가 무너지지 않는 건 시간이 그려낸 발자국 때문이다. 시간이 이동하는 자리에 어제와 어젯밤과 오늘 아침까지의 흔적이 남아 있다. 시간은 고여 있다가 흔적을 남기고 또 지우기도 하면서 흘러간다.

그 자리에서 어느 날은 울고 웃어야 하고 또 반성해야 한다. 상대를 기억하며 울 때는 그의 슬픔이 보이는 듯하여 나는 더 깊이 꽁꽁 숨어들어야 한다. 그런 나에게 시간은 아직도 그만큼의 고통은 견딜 만한 것이라고 더 냉정해지거나 무심한 듯 답을 주고 더 한 말이 없다.

슬픔에 익숙한 사람은 그 슬픔이 잘 드러나지 않는다. 고통의 일치가 내 안에서 일어나고 있기 때문이다. 슬픔과 고통이 분리되어 있는 사람을 볼 때가 있다. 고통의 소리만 요란하여 그 내면의 슬픔을 알기가 힘이 들어 어떤 소리를 들어주어야 할지 고민이 든다.

그의 슬픔을 만나고 돌아오는 길, 길었던 하루가 생각이 난다. 슬픔에 젖은 눈빛과 꺼내지 못하는 말과 땅바닥을 긁어내는 고통의 단음을 어쩌지 못하고 안고 돌아온 날, 밤이 길었다.

내가 이미 알고 있는 고통이 누군가에게서 다가와 같은 슬픔을 겪게 된다는 것, 그의 고통이 드러나면 내 슬픔은 숨어든다. 일치의 고통을 이룬다는 것은 겪어낸 사람만이 아는 그를 위하는 아픔이 내 안에 먼저 있어서이다. 고통을 덜어내는 방법은 고통을 아는 자신만이 짊어지고 가야 할 삶의 무게라고 흐르는 시간이 말해준다.

고통을 이고 가는 어느 시간에 멀리서 떨어지는 별똥별을 보았다. 내가 지킨 밤의 길이만큼, 적신 비의 무게만큼, 바람에 몸을 맡긴 날 수만큼, 내게 숨어 있는 아픔을 꺼내어 나를 닮은 이름 하나를 지어 주었다.

치열하게 살았고, 누군가에는 멸시도 받았고 상처가 묻어나는 웃음을 짓기도 하며 살아있는 모든 것에 내 이름을 담아 삶을 이겨낸 날이 고통을 이겨낸 이력으로 남아 있다. 한 달에 한 번씩 나를 맞이하는 여의사는 친구처럼 반갑고 그 앞에서 씨앗처럼 뿌리는 위로의 말이 한 달을 사는 꿈을 꾸게 했다면 때로는 위로를 받으며 비켜서 사는 삶도 필요하다.

어느 날은 시간이 나를 향해 오고 어느 때는 시간 속으로 내가 걸어간다. 비어있는 시간을 그대로 두기도 하고 채우기도 한다. 시간에 다가갈 때 오는 설렘이 길어지면 좋겠다. 나를 닮은 색을 발견하고 다시 보면서 때로는 그 시간에 나를 가두고 싶다.

궁금하다. 지금 내가 서 있는 이 자리가 어떤 색인지, 우리 동네에 찾아오는 짙고 깊은 안개와 무수히 많은 날의 기억과 창을 치는 비와 하늘을 가리는 붉은 단풍과 첫눈 내리는 길을 닮은 기억을 훗날 꺼내어 보면 무슨 생각이 들지 생각해 보면 벌써 가슴이 뛴다.

그 길 아래 바다

바다에 가고 싶었다. 이곳은 항상 목이 마르고 무엇인가 고달펐다. 그러면 언젠가 보고 왔던 그 바다가 몹시 그리웠다. 세상은 바다라고, 항상 헤쳐나가야 하고 이겨내야 하고 살아남아야 한다고 하지만 그것은 내가 원했던 바다가 아니다. 항상 그리던 그곳은 이미 알고 있던 지나온 길이면서 어딘가에 숨어 언제나 꿈처럼 내 마음에 자리하고 있는 곳이다. 그 안에 내가 안겨야만 하는 실체의 바다, 밝은 햇살이 고요하게 꿈을 꾸는 그 시간에 거기, 그곳에 하나의 부표처럼 떠 있거나 닻처럼 파도에 안기고 싶은 곳이다.

언덕을 넘어갈 때 하늘과 맞닿아있는 바다를 본 적이 있다. 오월의 맑은 날 목련은 이미 지고 날은 무더워지기 시작하면 언젠가 가보았던 그 바닷길로 다시 가보고 싶은 모습을 눈앞에 다시 만났을 때의 그 신선함이란! 날마다 그리움으로 파도치면서 기다림을 꿈꾸던 바다는 다가갈 때마다 처음 본 것처럼 설렘을 안겨 주고 추억을 흔들어 깨우며 반가운 모습으로 나를 안을 기세로 두 팔을 벌리면 구름까지 하늘에서 내려와 나를 맞이한다.

언덕 너머 바다는 반짝이는 윤슬과 함께 원시의 모습으로 항상 거기에 있다. 그 모습은 꿈을 꾸는 소년이거나 세상의 깊이를 아는 인생을 앞서 걸어간 나이든 이의 멋진 모습이기도 하다. 당장 눈앞에 보이지 않아도 바다 깊이 신비의 세계처럼 베일에 가려져 있으면서 파도를 일으키며 나를 부르는 곳, 멀어져도 희망이 보이는 곳, 끝이 보이지 않아도 보이는 곳, 바다가 거기에 있다는 것만으로 설렌다.

갈 때마다 반갑고 새롭다. 바다가 보이면 수평선 끝에서부터 바다는 속살을 열고 푸르게 다가와 심장이 뛴다. 하늘은 맑고 깊은 바다에 미끄러지듯 내려와 바다와 닿아있고 햇살은 마치 그 바다를 처음 찾은 길 잃은 별처럼 풍덩 그 바다에 빠져 반짝이는 것만 같다. 그곳에 빨려 들어가듯 미끄러져 내려가면 걸친 윗옷 하나가 벗겨지는 느낌이다. 바람에 앞서 바다 내음이 코끝에 스며들고 바람은 내가 넘어온 언덕길을 찾아 다시 들판으로 사라진다.

낮은 언덕 너머에 있던 하늘은 바다 멀리 수평선에 내려앉아 꿈을 내려놓고 숨을 쉬면서 어디쯤을 헤매고 있는 나를 기다린다. 수평선 끝에서 한 폭의 그림처럼 다가오는 뭉게구름은 점점 바다에 빠질 것만 같다. 하얀 모래밭에서는 세상 사람들이 모여들어 왁자지껄 소리를 내며 그동안 갖고 있던 갈증을 풀어낸다. 바다 사람으로 다시 만난 사람들이 원시의 몸짓으로 모래사장에서 춤을 추면 한낮에도 켜있는 램프 불이 잠들 시간을 기다린다. 배와 사람과 섬은 물결이 치는 대로 움직이다가 해의 등쌀에 구름 그림자가 다가오면 순간 어두워지다가 다시 밝아지면서 환하게 바다 그림을 그린다. 그러는 사이 구름의 그늘에 안기고 싶어 눈먼 갈매기가 스치듯 지나 날아간다.

도시에서 멀어질수록 해방감과 자유로운 느낌은 생각보다 훨씬 나를 가벼운 상상에 빠져들게 한다. 몸이 풀어지는 시간, 깊은 바다 멀리에서부터 다가오는 파도는 먼 곳에서 등대가 반짝이고 있다고 말해준다.

내가 알지 못하는 바다 너머의 세계와 무수히 많은 물고기의 종들이 그곳에서 날마다 꿈을 꾸고 있다고 전해준다. 아득한 수평선 너머 소식에 한없이 가슴이 뛰는 나를 그대로 품어주는 바다, 저쪽 바다 건너 숨어 있는 마을은 따뜻한 바람과 햇볕을 모아 그들만의 세상을 만들어 놓고 나를 기다린다.

내가 이쪽에서 허둥대고 있는 사이 과거와 미래를 엮는 시간의 마술사가 꿈을 펼치고 있는 그곳, 내가 놓치면서 사는 것을 파도는 쓸려오는 모습으로 바라보게 한다. 그 바다 앞으로 내려가기까지 몇 개의 산을 넘어야 하고 가까운 사람과 부딪히면서 날을 세우기도 하고 다시 마음을 굽히고 생각을 재우면서 넘어야 한다. 지친 어느 날은 인간의 욕망에 선한 것과 완전한 기쁨을 같이 찾는다는 것은 과욕이라는 생각을 가지면서 부풀어지는 거품을 거두어 낸다.

이쯤에서 타협을 하고 덧난 상처가 낫기를 바라는 것이 더 인간적인 것 같을 때 발걸음은 더디기만 하여 저울질을 다시 해볼 때가 있다. 부족한 생각은 세상을 살아가는 잣대와 비틀어 서서 우울하게 흔들리고 그것이 늘 잿빛으로 출렁였다.

바다로 가는 길, 꿈을 향해 가고 있는 나를 만나러 가는 길이다. 또 다른 나를 보고 싶을 때 능선 너머 그곳을 찾아간다. 지친 내가 기댈 수 있는 곳, 보이지 않는 나를 다시 바라볼 수 있는 곳, 여름 햇살이 그 바다에서 꿈을 꾸면 갖고 있었던 이야기가 하나씩 풀어지는 곳, 그곳으로 가면 그립던 지난날의 시간이 몰려오고 순수했던 그때의 나를 다시 만나게 된다.

가보았던 곳이지만 갈 때마다 새로운 곳이어서 여기를 건너가면 거기에서 또 다른 내가 나를 향해 뛰어온다. 내가 보고 싶었던 모습으로, 꿈속에서 그리던 어딘가를 향해 걸어가는 모습으로, 지친 걸음이 벌써 힘을 얻은 모습으로, 그러면서 다시 되돌아보며 먼 산 안개가 그림자 안 듯 그 시차의 아련함 속으로 뛰어들어가는 모습으로 그곳을 향해 달려간다.

간밤에는 바다가 파도를 치며 나를 찾아왔다. 오랫동안 보이지 않다가 거친 빌딩 숲에서 숨을 쉬고 있는 나를 보고 말했다. 잃었던 길을 다시 열어주며 가을이 오고 있다고 햇살 영근 바닷속 깊은 골에서 고래가 올라오고 있다고, 어제는 그 바다 위에 쌍무지개가 뜬 것을 아느냐고 이즈음 그곳의 소식을 전해주었다.

제3부

이 산에 앉아서 / 새벽 시장

팔월 지워지지 않는 그림

나 / 흔적 / 그림자

바람길에 앉은 나 / 모과 떨어진 날

밥상 / 집

이 산에 앉아서

마음에서 웅크린 것이 벗어지자 앞산을 보면서 이야기하는 일이 많아졌다. 그동안 내가 앉아 있던 자리에서 벗어나면서 갖고 있던 생각을 지워내니 멀리 있었던 앞산이 가까이 다가와 나를 불렀다. 상처로 남은 일들을 저만큼 밀어놓고 그런 나를 보면서 꿈을 꾸듯 말을 했다. 그 막연한 기대가 오늘은 가볍게 한 장의 종이처럼 날린다.

마음이 떠난 것은 생각이 어디에도 매이지 않는다는 것일까, 다른 가치를 찾아가는 내면의 소리를 더 가까이 듣는 것으로 지금까지 가깝게 지내던 사람과의 관계를 다시 생각하게 되었다. 그는 풍요로운 삶을 사는 것처럼 보이면서 결코 가난을 자기 것으로 받아들일 수 없는 모습을 가지고 있었다. 사는 것이 곧 즐거움인 것처럼 행동하면서 날마다 호쾌하고 무엇이든 마음을 먹은 대로 하면서 주위에 자신의 당당함을 드러내는 그를 보며 세상의 그늘 밑에서 드러낼 것 없이 힘든 모습을 감추듯 살아가는 나는 힘을 얻곤 하였다. 그런 나를 보면서 그와 가까운 어떤 이가 말했다. 그를 보이는 모습 그대로 믿지 말라며 경계심을 드러내는 말을 해 주었다. 사람이 다 좋은 것만 가지고 있을 수는 없지 않은가 하여 내 마음을 돌리지 않을 때 무엇을 눈치챘는지 그는 조금씩 눈빛을 바꾸며 무엇인가 변명을 해댔다. 착한 길을 벗어나면 돌아갈 수 없는 길이 생긴다. 그가 사는 즐거움 안으로 들어가지 않아도 세상의 비밀의 문은 조금씩 열려 그의 거짓말과 변명이 섞여 모르는 척 거기에서 비켜 주어야 했다. 늦게 알아버린 그의 세계가 실망스러운 모습으로 드러나 좀 안됐다 싶으면서도 나 자신이 처음으로 돌아갈 수 없는 어떤 중간치에 걸려서 한번 고꾸라진 모습으로 남게 되고 말았다.

그의 작은 가게가 내 생각에 걸쳐 있다. 그의 높은 음성이 나를 부르고 그곳에 머무르게 했던 부끄러운 자화상이 물그림자처럼 너울거리며 그곳에 앉아 너울댄다. 공간을 메꾸는 진열된 물건들 사이로 사람들의 손길이 지나가고 별 뜻 없이 하루가 그냥 지나가는 그런 날들이 쌓이고 쌓인 자리에 묵은 먼지가 내려앉았다. 때로는 그곳에서 만난 사람을 밖에서 만나 전해 들은 이야기가 다를 때, 낯선 그의 웃음이 겸연쩍게 다가와 나를 우울하게 했다. 바쁜 듯 내뱉는 급한 말투는 어쩌면 자신의 외로움을 허투루 감추는 심리전일지도 모른다. 누구에게도 들키고 싶지 않은, 그래서 그것을 알지 못했을 때는 건강한 사람을 만난 듯 마음이 놓였었고 그의 밝음에 한발씩 다가가 내 어둠을 지우기도 했다. 삶은 어차피 반은 내 것, 반은 남에게서 오는 것이라고 믿고 있는 나약함으로 편리한 자기모순에 빠지는 우울함이 내게는 있었다.

그는 나를 어떻게 생각했을까, 그 끝이 궁금해질 때쯤 그곳을 벗어났다. 긴 시간 그곳에 앉아 세상 사람들을 만났다. 나와 다른 사람들이 풀어내는 이야기를 어디까지 들었던가, 기억이 나지 않아 다행이다. 한 사람을 가볍게 말한다는 것은 한 사람을 잃는 일이기도 하다. 내 안에서 만나는 사람과 세상에서 만나는 사람은 같지 않을 때가 있다. 들은 이야기를 털어내는 일은 그렇게 어렵지 않다. 그것은 들은 귀(耳)가 할 일이 아니고 입을 닫으면 지워진다.

그래도 한동안 그의 마지막 말이 생각이 나서 혼란스러웠다. 그 날 나에게 한 말의 뒤 끝이 사라지기도 전에 다른 한 사람이 들어와서 불쑥 던진 말에 당황하던 얼굴이 떠오른다. 그의 얼굴이 잠깐 붉어지며 흔들리던 모습이 지워지지 않는다. 그동안의 정당성이 무너지는 모습, 더 볼 것 없이 발걸음을 다시 하지 않은, 그러면 그가 편할 거라는 생각이 드는데 그렇게 됐다면 다행이다.

내 산에 앉아 앞산을 본다. 이곳을 잊고 앞산을 바라본다는 것, 지금까지 보이는 허상에 나를 맡긴 부끄러운 욕심이 숨어 있다. 이루지 못하고 있는 꿈이 숨어 있고 없는 것들을 채우고 싶은 욕망이 힘센 모습으로 앉아 있고 내게 없는 것들이 슬픔으로 앉아 나를 흔들어댄다. 그것은 꼭 물질적인 것만은 아니다. 인생을 사는 즐거움 안에 같이 있어야 할 사람과의 관계를 끝까지 지키지 못한 것과 내게 있었던 슬픔과 괴로움이 살아가는데 다른 변명으로 이어지지 않아 오히려 나에게 위안이 되어주고 있다. 한 발짝 비켜 서 보니 내가 다시 보인다.

나 자신을 사랑하는 방법을 다시 배우고 있다. 중심에서 벗어나 바라보니 오히려 내가 더 선명하게 보인다. 무너지고 있던 나를 바로 세우는 받침대가 멀리 시선의 끝에 앉는 고요라는 것을 알았다. 혼자를 벗어나기 위해 애쓴 마음이 시간의 짐으로 쌓였다는 것을 안 날 가는 발걸음을 멈추고 내 안의 나를 다시 보았다. 내면의 깊이를 알고 그것을 돌볼 줄 아는 시간을 갖게 되었다. 다 시간이 가르쳐 준 일이다. 머물면서 자신과 수없이 오고 간 피드백이 나를 단련시켰고 부족한 것까지도 그대로 보여도 좋을 내가 되었다. 지나고 보면 모든 것의 진행에는 이유가 있었다. 어디로 가든지 답을 얻을 수 있었고 방황의 끝에도 머물 자리는 있었다. 기분 좋은 하루, 생각만으로 모든 것이 해결된 것만 같은 하루가 또 지나간다. 나를 보는 앞산을 바라보면서 거기에 그대로 오래도록 앉아 적막하게 시간이 흐르는 가운데 무엇인가를 하는 듯, 하지 않는 듯하며 점점 정적에 스며들어 가고 있다.

새벽 시장

바람의 소식을 전하는 파도가 오늘 깊게 울었다. 이른 이별의 소식을 들었다. 아침에 그를 기억하고 언제쯤 볼 수 있을까 궁금해하며 그를 기억하는 시간을 보내고 있을 때 그는 하늘길을 오르고 있었다. 한 시대가 끝나는 것, 한 인생이 물러가는 것을 한낮 그림자의 환청으로 들었다.

– 자네는 새벽시장이야, 밤을 지나 새벽을 깨우는 시장 말이지, 얼마나 시끌벅적하고 활기차고 싱그럽냐, 신선하고, 힘찬 기운을 줘.–

어디에도 그런 구석이 없는 내가 그 앞에서는 튀는 소리를 하며 시간을 보낸 것은 같이 오랜 시간을 묵혀 낸 날을 보내서 일 것이다. 그 어른들 틈에서 불편하지 않은 시간을 보냈고 이 일 저 일을 겪으며 함께 마음을 담았던 일들이 많아서 갑작스러운 만남이라 하더라도 편하기만 하여 가벼운 인사부터 명랑한 나를 두고 어느 날 불쑥 내게 던진 말이다.

그는 나의 어떤 이력을 보고 등단이라는 길에 들어서게 하였다. 글이라는 것을 덮어놓고 자조적으로 살고 있을 때 글의 세상을 다시 만나게 해주었다.

어린 나이부터 벌써 삶에 지쳐 시골 부뚜막 가득 쌓인 수상 트로피와 메달을 두 어 개의 쌀자루에 쓸어 담아 과감히 버리고 집을 나선 그때 글은 이미 무너졌다. 다문 입에 가난의 비밀을 물고 악착같이 살아가는 동안 글을 짓는 것을 잊고 산 어느 날 우연히 실수처럼 벚꽃 날리는 대회에 나가서 오래전 기억을 닮은 종이상장을 받았다. 또 다른 세상을 열어 보인 글의 세계가 내 앞에 다가오면서 그를 만나게 되었다. 오랜만에 밟아 본 넓은 도서관에서 '읽는 글, 쓰는 글'을 이야기하면서 낯선 등단이라는 말을 처음 들었다.

그는 유쾌했으며 큰 소리로 아는 지식을 무한 드러내고 문학의 역사를 끝없이 펼쳐냈다. 그가 말하지 않은 그의 다른 세상은 비밀처럼 다른 곳에서 들려왔다. 사실 누구에게나 말하고 싶지 않은 비밀은 있는 것, 상처와 내 그늘까지 누구에게 말하고 싶은 사람이 얼마나 있을까 하면 이해도 되었다.

그날 나는 그 모임에 좀 늦게 참석을 했다. 이미 식사를 마치고 찻집에 앉아 어서 와, 하면서 부르는 소리를 듣고 급하게 간 곳에 세 명의 어른은 앉아 담소를 나누고 있었다. 내게는 한참 위의 어른들이지만 만남의 시간이 오래되다 보니 누구보다도 편한 자리여서 앉으면서 바로 환하게 웃을 수 있는 명랑한 자리가 되었다.

내 말을 들어주고 나를 거들어 주고 내 말에 보태어 생기 돋아 주면 그것은 어른이 나이 어린 사람에 대한 배려이거나 그들이 지나온 젊은 날의 기억을 다시 보는 일이거나 그저 시간의 파동을 즐기는 단순한 일이겠지만 그 공간이 만들어진 울타리 안은 우리만의 이름을 가지고 있어 즐거웠다. 그중 가장 나이가 어린 나를 두고 새벽시장 같다고 말한 것은 그 공간에서 내가 불쑥 던지는 말들과 몸짓이 새벽시장 구석구석 외쳐 들리는 싱싱한 소리와 파도를 타듯 이곳저곳을 넘나드는 거침없는 모습을 보아서였지 싶다. 잊고 있었던 어떤 기운이 되살아나 다시금 당신의 지난날을 돌아보고 싶은 새벽의 모습이 내게서 조금은 보였을 것이다. 그 말을 듣고 모두 소리를 높이며 새벽시장, 글감으로 좋다, 했다.

우리들의 모임은 시각의 차이가 있고 나이의 순서가 있으며 질서가 있는, 그러나 다정하고 따뜻한 낮은 습지에서 밝게 피는 여뀌꽃 같았다. 살면서 한번은 물속에 잠겼을 시린 발을 감추고 이 말 저 말로 서로를 보듬고 때로는 탓하며 여린 가지를 한 묶음으로 엮어 풀냄새를 돋아내며 오후의 시간을 다 보내곤 했다.

그런 그가 어느 날 모임을 해야지, 하며 재촉했는데 대수롭지 않게 다음으로 미루자고 한 뒤 만나지 못했다. 무슨 일인지 계속 연락이 없는 사이 서울에서 묻어온 소식은 장기 입원상태로 한동안 만나지 못할 거라는 거였다. 약간은 걱정스러운 말을 나누며 그렇게 건강관리를 열심히 하는 사람인데, 하며 지내다가 궁금한 마음으로 새해 인사를 올려도 답이 없어 조금 서운해하고 걱정이 되면서도 언제쯤 내려오려나 막연히 기다리며 날을 보냈다.

그는 많은 이야기를 달고 사는 사람이었다. 어떤 삶을 살았고 어떻게 세상에 기댔으며 그가 주장한 사회적인 열망, 우리가 닮고자 했던 지성인들을 평가했던 모습의 음양의 깊이를 다 알 수는 없지만 성공한 삶을 살아보고자 했던 끈기로 갈망했던 목표를 향해 가며 끝까지 구시가지의 한복판에서 꿈꾸듯 글을 쓰고 있었을 그의 모습이 지워지지 않는다. 도심의 중심이면서도 외지고 그늘진 사무실에서 고독하게 지킨 열정은 무엇이었을까, 그곳에 쌓인 것들은 누구 손에 남게 될까. 이제 그 공간은 비워지고 서늘해질 것이다.

나는 그가 던진 저 너머의 새벽시장이 되어 가끔은 그를 그리며 그를 이야기하고 그가 남긴 삶의 내력과 도움받은 사람들의 침묵을 이해하며 그의 과거를 그리워할 것 같다.

세상 밖에서 만난 사람들이 그를 향해 던졌던 많은 이야기와 삶의 수고로움을 누가 다 알 수 있을까, 세상을 살아냈다고 말하면 개인에게는 삶의 극기였을까, 세상을 이용한 것일까, 인간의 이중성에서 빚어진 불행과 행보의 차이는 어디에서 연결지어지고 끊어지면서 그 사람을 평가하는 잣대로 남는 것일까, 최소한의 균형과 부정과 긍정의 힘은 어느 때 살아나고 또 지워지는 것일까, 그동안 이 커다란 고독의 물체 안에서 어느 날은 웃고 떠들며 서로 비방하며 머물렀다. 그 만남의 시간이 만들어낸 새벽시장의 언어가 내게서 하루도 떠나지 않고 머물러 당신은 무슨 말을 더하고 싶었나요? 하며 묻고 있다. 그의 큰 목소리에서 뿜어 나오는 열기에 그가 말하지 않았던 어린 날의 시간이 녹아내리고 토막이 난 구비 구비의 시간에 연민이 스민 상처의 시간이 숨어져 있어 진즉 위로해 주지 못했음에 한 번 더 가슴 아픈 시간을 보내고 있다.

팔월 지워지지 않는 그림

골목이 긴 가난한 동네에 팔월이 오면 어느 집 아이가 얼음과자를 물고 내 아이 앞에서 어른거리던 모습이 떠오른다. 토요일, 내가 아직 집에 이르기 전 그 아이는 엄마가 사준 여름에 맞선 통쾌함을 물고 있고 나를 기다리던 아이는 여름 땡볕에 눈앞에서 어른거리며 녹아나는 얼음과자를 보며 몸이 달아 있었다. 맛있어? 맛있어? 맛있지? 골목 끝에서도 애타게 보이던 여섯 살 모습, 혼자만 핥고 있는 눈앞의 아이를 한번 후려치고 돌아서 대문을 밀 때 한낮 여름이 불에 타는 것을 보았다.

가슴이 씩씩거리면 아기 발뒤꿈치가 더 심하게 탕탕거리고 기운이 세진다는 것도, 늦게 나타난 엄마를 보면서 눈을 흘기며 우는 반가움에 골목에 드는 그림자가 발걸음을 멈춘다는 것도 그때 알았다.

쇠락한다는 의미는 무엇일까, 거쳐 지나온 길이 길어 다 보이지 않아 흐리다는 것일까, 날마다 흔들리는 영혼이 앉을 자리를 찾지 못하고 이 지상 어디쯤에서 가볍게 떠도는 모습일까, 추억이 담긴 자리가 점점 아득해진 모습으로 가슴에 박혀 있어서일까, 희망이 없어도 살아지는 그 무엇이 내 어디쯤 숨어 가끔 나를 보이지 않는 길로 밀어내며 무력감에 빠지게 하는 것이라고 말해도 되는 걸까. 쇠락하는 것과 마주하는 것에 조용히 내가 앉아 있다.

힘든 것을 힘들다 하지 못하고 기를 쓰며 살 때는 어쩌다 생각하는 죽음의 그림자도 힘이 있었다. 죽음 앞에서도 다시 일어서고 속울음에도 지치지 않을 만큼의 자기 암시의 반복으로 하루를 이겨냈다.

그 힘, 한겨울 아무리 힘을 주어도 뭉쳐지지 않는 한주먹의 차가운 눈처럼 여름이면 그 뜨거운 태양 아래 앉아 골목 끝에서부터 불어오는 희미한 바람에 단절된 추억을 앉히고 답을 찾을 수 없는 물음을 던지곤 한다. 그 허무의 긴 자락, 내가 겪은 시간이 사라질까 간신히 안고 있으면 간절한 떨림이 손마디 마디를 저리게 한다. 내 손을 잡고 골목을 빠져나와 허름한 가게에서 몇 개의 얼음과자를 고사리손에 묵직하게 들려주었던 감촉이 지금까지 그대로 손에 남아 있다. 더 사줄걸, 주고 또 주었어도 부족한 사랑이 옛집 낡은 집 대문에 걸려 나른하다.

잊지 않고 있는 것이 마음으로 보이면 추억의 끈은 그만큼 길어진다. 이미 하늘 끝자리에 앉은 사랑을 다시 여기에 데리고 와 지금을 사는 것처럼 말하면 허무하다. 긴 골목이 짧아진 만큼 아이를 바라보던 시선이 저만큼에서 멈추어 이제 거꾸로 나를 보고 있다. 어떻게 살았느냐고, 어떻게 견디어냈느냐고 하면서 위로하면 여름빛 뜨거운 햇살이 긴 파장으로 마구 흔들려 어지럽다.

더 주고 싶었던 사랑이 솟구쳐 오르면 잠자던 이름이 깨어나 골목 끝까지 메아리친다. 변두리 골목 휘어진 길은 꼬리를 감추고 숨은 사연만 어른거려 시선을 놓지 못하게 한다. 거울처럼 아른거리는 골목에는 이제 아이들이 없다. 지나간 일들만 추억으로 침묵 속에 쌓여 있다. 부족함을 바라보았던 뜨거운 시선도 없고 울며 앙앙거리며 갖고 싶은 열망의 모습도 사라졌다. 더해줄 수 있는 내 욕심만 살아남아 있다. 기력이 쇠한 요즈음 어디서 밝은 기운이라도 얻어진다 하면 그곳에 있었던 짧은 시간의 내력을 그대로 살아나게 그림을 그리고 싶다.

그 시간에 있었던 아주 단순한 아이의 감정이 날마다 꽃으로 피다가 지고 다시 핀다. 내게 있어 소중한 것들은 거의 대답이 없는 것이다. 가슴 깊이 씨앗처럼 박혀 있어 잘 가꾸면서 가끔 깊게 안아주어야 한다. 보이지 않아도 보이는 것처럼 가슴의 가운데에 놓고 따뜻함이 잘 배도록 물을 주고 남쪽의 바람과 서쪽의 그늘을 따라 옛날이야기를 불러와 지워지지 않는 그림을 다시 그려보아야 한다. 나를 바라보며 냈던 짱짱한 울음소리를 살아있는 그리움으로 투명하게 받아들여야 한다.

여전히 미원동 시장 굽은 길을 지나 넘어오는 흥남동 그 골목에는 계절에 따라 조금씩 이르게 마음을 움직이게 하는 소식이 바람을 타고 전해온다. 지금쯤 다시 가보아야 할 때가 온 것 같다.

나

나는 나를 어떻게 말할 수 있을까, 나는 누군가에게 어떤 사람으로 남아 있는가. 요즈음 자주 드는 생각이다. 내가 혼자였다면 그런 생각에서 벗어나 있을 텐데 누군가와의 관계에서 멀어지고 나니 내가 다시 보이기 시작한다. 나의 존재는 그와 일부분 엮여있다. 세상에서 만난 많은 사람 중 한 명이지만 지극히 소소한 일에서 어긋나더니 거추장스럽다는 생각이 들어 놓아버리게 되었다. 나는 타인에게서 무엇인가 얻는 것을 좋아하지 않는다. 그러나 처음 그가 내게 준 것은 좋은 것들이었다. 크고 환하게 웃으며 살갑게 다가오는 모습이 좋았고 무거운 욕망이 느껴지지 않아서 그의 일에 응원으로 호응을 했다.

세상은 바쁘게 돌아가고 그 안에서 어떤 사람은 바쁜 흉내를 내며 자신의 근황을 알리고 또 다른 사람은 조용히 일을 치러내듯 실속 있게 내면을 채우면서 자신의 업적을 쌓아간다. 드러내는 욕심과 그것을 이뤄내려 하는 기대치가 흡족하게 맞아 들기는 어렵지만 노력한 만큼 공적은 쌓이고 대가가 빛나는 업적으로 돌아오든지 공허하게 수치로만 남든지 하여 결과에 따라 요란하거나 우아한 침묵으로 그것을 싸안으며 일상을 살아간다.

요즈음 나는 몹시 침체되어 있다. 누군가가 남기고 간 상흔이 마음속 깊이 박히면서 종일 내린 비처럼 마음이 어두워 참 이상하네, 하고 있다. 새삼스럽지 않은 것이 세상일이다. 겪고 또 겪는 일이면서도 좋아하고 싫어하고 분노하는 것으로 인간만큼 감정적인 동물이 없는 것 같고 계산이 없이 요동치는 것 같지만 벚꽃처럼 날리는 가벼움 속에서도 새로운 것, 즉 이익을 찾아 나서는 것이 인간의 본능이라는 것을 알게 되었다.

가볍게 날아다니는 깃털처럼 혼자만이 누릴 수 있는 자리를 찾아 그의 감수성은 빛이 났다. 그 자리, 잽싸게 옮겨 다니는 자리, 그가 찾아낸 자리 하나로 옮기는 과정을 어쩌다 내가 본 것은 아니었을까 하여 지나온 시간을 짚어보느라 정작 내가 해야 할 일은 하지 못하고 답을 애써 찾는 중이다. 이 덧없는 시간의 흐름 때문에 나는 힘을 내려놓고 시간을 허비하며 점점 무의미한 상태로 흘러가고 있다. 만났던 시간이 높은 성으로 다가왔다가 와르르 무너지면서 나와 연결된 고리는 끊어졌다.

나는 누구인가, 나는 왜 그가 더 가까이 올 수 없는 사람이 되었을까. 그렇다면 나는 그에게 준 것이 별로 없다. 그를 떨쳐놓고 내가 나를 자꾸만 부르는 것은 나를 확신하고 싶은 욕심일 수도 있다. 내가 누구냐고 묻는 것도 내 욕심에 의한 확인이다. 그와의 관계를 두텁게 쌓지 못한 내가 그를 다른 쪽, 즉 내가 갖고 있지 못한 어떤 것을 찾아 나서게 한 것인지도 모른다. 나는 다 갖고 있지 못하다. 완전히 내 편을 만들려고 한 욕심이 내 안 어디엔가에 깊숙이 숨어 있었던 것은 아닐까 생각하면 부끄러워진다.

내가 찾고자 했던 나는 결국 내면에 깊숙이 숨어 있는 고독을 찾아내는 일은 아니었을까, 현실에 부대끼면서 지나간 달콤한 시간에 무디어져 있었던 것은 아닐까. 내 모습이 조금씩 수면 위로 떠 오르면서 내가 누구인지 묻는 것이 어리석은 자의 독백처럼 느껴져 차가운 질책으로 달래고 있다. 수직으로 낙하하다가 다시 떠오르는 의구심이 아른아른 물빛으로 너울대며 어지럽다.

나를 일깨우는 밤이 흘러간다. 나는 점점 냉철해질 것이다. 놓아야 할 일만 많고 말하기보다 더 들어줘야 하고 세상에서 제일 편한 사람처럼 보여도 뒤가 복잡하다는 것을 용감하게 말할 수 있어야 한다.

그래도 쓸쓸하다. 내가 담아놓은 삶의 시간이 어딘가로 물처럼 흐르고 있는 것만 같다. 외롭지 않으면서 좀 무거운 그런 밤이다.

흔적

바람이 내 주소를 묻고 간 적이 있다. 먼 곳에서 이틀을 나를 찾아와 손편지를 보낼 주소를 원했던 그는 빈손으로 돌아갔다. 그때 나는 망설이던 어떤 가면 하나를 벗어던져야 했다. 답이 없이 돌아간 그가 머문 담장 밑 그늘이 오늘 더 길다.

나를 다 모르는 그는 무작정 먼 길을 와서 이 층에서 바라보이는 정문 입구에서 서성거렸다. 이따금 내려 보면 그가 위를 올려 보며 기웃거리고 있었는데 나는 결코 눈을 마주치지 않았다. 어떻게 나의 주소를 알았을까, 훗날 나의 주소를 알기 위해 찾아간 그에게 선배는 다시 만나지 않을 거라는 다짐을 받고 내가 있는 곳을 알려주었다 하는 말을 들었다. 이제는 그 언니의 이름도 잊었고 내게 신신당부한 말만 어렴풋이 생각이 난다. 우리 모임의 의미를 흐리게 하면 안 된다고 하면서 단호하고 매섭게 명령처럼 지시를 내렸었다.

나는 갓 스무 살을 넘은 사회초년병으로 직장의 눈치를 보기 바빴고 어떤 대화도 나누기 어려워 망설임과 속으로 되새기는 자기 고백으로 하루를 견뎌내고 있었다. 바람이 무서운 오룡동 산 말랭이 고부라진 고갯길에서도 바라보이는 직장은 숨은 고래의 등처럼 솟아나 있어 언제 나에게 물세례를 퍼부을지 모르는 두려움의 존재로 보였다. 그곳은 날마다 낯설었고 경계의 대상으로 다가와 등골을 오싹하게 하였다. 마음을 터놓고 지낼 사람이 없어 고립의 섬에서 혼자 허우적거리다가도 어느 날은 유유히 헤엄을 치는 나를 보기도 한 곳, 그 산 말랭이에는 늘 세찬 바람이 불었다.

그즈음 같은 직종에서 일하는 우리를 모아 단체를 만들어 처음 나를 불렀다. 고창 선운사 입구의 폐교에서 1박 2일 친목 모임을 하니 꼭 참석해야 한다는 것이었다. 학교를 졸업할 때까지 그렇게 멀리 나가본 일이 없었던 나는 순둥이 엄마의 걱정을 잔뜩 안고 전주까지 가서 그곳에서 무리를 만나 다시 고창으로 향했다.

세상에서 제일 멋진 여자들이 그곳에 다 모여 있었고 한껏 멋을 낸 모습으로 그 폐교의 운동장에 들어설 때 오랜만에 선운사 골짜기에 웃음꽃이 피었다. 왠지 모르는 설렘으로 교실 창문 밖을 두리번거리던 스물하나의 내 모습은 그곳에 다시 들를 때마다 아련하게 되살아나 청춘의 독백을 되살아나게 했다.

그때 무엇을 알았을까, 하얀 백지인 순결의 상태에서 몇 개의 발자국만 남기고 온 것이라고 말하기에는 거기에 머물러 나를 흔들었던 망설임의 순간이 어쩌면 다가오는 인생의 무수한 길에서 방향

전환을 튼 순간이었을지도 모른다는 생각이 든다.

기타를 치는 누군가의 노래가 산사의 산골짜기를 타고 흐를 때 산을 넘어가는 내 마음 안의 길에는 막연히 어딘가를 동경하는 그리움이 있어 계속해서 그 노래를 따라가며 공연히 마음이 흩어지는 나를 보았다. 그 영역 안에서 밤은 길고 밤하늘의 별은 또 빛나서 무한한 기쁨과 자유를 누리면서 밤의 한가운데에서 고요하게 무중력 상태로 떠 있었다.

다시 갈 수 없는 그 밤의 시간, 청춘이 스스로 빛났던 고결함과 맑은 기운이 지금까지 내게 남아 있다면 그렇게 많은 갈등과 번민의 무게에 눌려 있지 않았을 텐데 영원할 것 같았던 그 시간의 나는 어디로 가고 살면서 가공되는 자아가 거짓 진실을 만들어내고 또 그것을 닮아가는 허상에 빠져 허우적거릴 때면 이상하게 그때가 떠오른다.

언젠가 그 시간을 글로 썼던 적이 있다. 미완성의 그리움, 다가왔던 파도가 멀어져 다시 오지 않는 공백의 시간, 앞으로 더 나아갈 수 없었던 놓쳐버린 의미가 운동장 끝 나무 아래에서 가지도 오지도 못하고 머물러 있다.

큰 절을 비켜서 올라 조그만 암자를 돌아보다가 공부하는 학생들을 보고 시끄러운 발소리를 죽이고 나와 산 등정을 마치고 내려와 돌아갈 채비를 하면서 헤어짐을 아쉬워할 때 운동장 끝에서 암자에서 보았던 한 사람이 나를 만나고자 서성이는 것을 보았다. 인생의 한 페이지가 반쯤 넘어가는 한낮의 출렁임, 그 언니는 집으로 돌아가는 길을 재촉했다.

여린 그림자가 가야 할 방향을 먼저 짚어내고 앞서갈 때 급하게 뒤를 쫓아오는 바람이 저만큼에서 이미 만남의 시간을 차단하며 나를 다른 곳으로 데리고 갔다. 실패한 첫사랑은 그리움의 힘이면서 지워지지 않는 흔적이지만 그 색채가 무음의 응원으로 세상을 견뎌 나가게 한다.

내가 갖고 싶었던 인간의 관계가 세상 저만큼에서 그림자처럼 너울거리다가 사라진다. 담장까지 왔다가 봄날 그림자로 멀어지던 모습. 이름이 뭐였을까, 전해 들은 것도 같고 쪽지로 아래층에서 올라온 것도 같고 찢어 버린 것도 같고 어딘가 둔 것도 같고 모든 것은 아련하다.

희미한 기억마저 사라지는 시간은 언제쯤일까, 그것마저 갈망의 여운이 있어서 가끔 한 장의 사진처럼 그려질 때 왠지 모를 막연함으로 잠깐 휘청이기도 한다.

그림자

내 안에는 항상 그림자가 드리워져 있다. 한낮에도 어둠이 내려앉고 잠결에도 내게서 떠나지 않는 그림자가 있다. 설마 하지만 웃는 중에도 그림자는 따라 웃는다. 내가 크게 웃으면 그림자도 웃으며 너울대고 한입 조용히 밥을 오물거리면 가랑잎 떨어지는 소리로 내 곁에 조용히 내려앉는다. 낙엽을 주울 때 그림자는 더 짙어지며 바스락 소리를 낸다.

바람이 달아나는 쪽으로 그림자는 길게 시선을 둔다. 바람은 짓궂게도 종종 골목 귀퉁이에 숨어 나를 유혹하곤 한다. 따스한 가로등 하나가 하얀 불을 밝힌 채 누군가를 기다리는 것을 내 그림자는 좋아한다. 추위처럼 오는 쓸쓸함을 어떻게 알았는지 어깨에 카디건을 얹으며 나를 포근하게 감싸준다. 가끔은 가을날 잘게 내리는 비처럼 감기보다 약한 미열로 어떤 상대를 그리워하면 그림자도 나처럼 쓸쓸한 모습이다. 그 공허함 가운데 머문 따뜻함은 또 무엇일까?

그림자는 내 이름을 가지고 종일 서성인다. 지나간 일마다 그림자는 무늬를 쌓아둔다. 나는 여전히 앞으로 가고 그림자는 앞장서서 지나온 일을 함께 거두어 간다. 나를 닮은 그림자는 말을 하고 노래도 부르며 간혹 춤을 추기도 한다. 강변에 나가 묵상을 하고 때로는 기도도 한다. 내가 하는 것을 바쁘게 따라 한다. 하지만 같은 실수를 반복할 때도 있다. 한 달에 한 번 종합병원을 찾아갈 때마다 길을 헤맨다. 같은 병동을 찾아가면서 미로의 길을 헤매고 지나치면서 아차 한다. 지나간 시간을 또렷하게 기억하지 못하는 것은 나를 닮았다. 내 유전자 어느 구석을 닮아 나와 같이 헤매고 망설이고 주저한다.

대학병원 안에는 진료를 기다리는 사람들로 가득하다. 꾸역꾸역 모여드는 환자들에게서 시월에 내리는 비의 냄새가 난다고 그림자가 속삭인다. 침묵에 묻은 낯선 그림자를 옆에 두고 슬쩍, 내 그림자는 옆 사람의 안녕을 묻고 타인의 그림자는 더 깊은 곳으로 숨어들어 답이 없다. 건장한 그림자 하나가 고개를 숙이고 의사의 면담을 기다리는 것은 그중에 씩씩한 모습이다. 금빛을 발사하는 금장시계와 깨끗하게 닦인 구두가 반짝이며 면담을 기다리는 시간, 내 그림자는 그 면담의 결과에 기쁨을 나누고 싶은 마음을 갖는다.

그림자가 너울거리며 나를 응원한다. 팔을 조이는 혈압기에서 맥박이 뛴다. 쿵쿵거리며 그림자가 뛴다. 신경을 거스르며 호흡수가 파닥거리고 그림자가 다람쥐 쳇바퀴 돌며 요정처럼 춤을 춘다. 그림자가 가쁜 호흡으로 부풀어 올라 몸에 달콤한 키스처럼 붙어있다. 그림자가 눈을 들어 주위를 돌아보라고 한다. 사방에 붙은 생명의 연장 신호나 안내판이 잠깐 위안과 착각을 주며 좀 더 힘을 내라고 한다.

불확실한 복권당첨을 기다리는 것처럼 한쪽 귀퉁이에 앉은 청년은 확실한 답을 기다리며 초조하다. 그림자는 이미 내일 일을 알아 급할 것이 없다. 모든 흐름에는 이미 약속된 순서가 기다리고 있고 종합 병동 안의 이 모습도 지나가는 과정일 뿐이다. 그림자는 조용히 병실 밖으로 나가기만을 기다린다.

한 개의 의자에 누운 듯 기대앉아 순번을 기다리는 남자가 처음으로 긴장하는 시간, 그의 그림자가 정색하듯 조용히 숨을 쉬고 있다. 나는 줄을 세운 평 의자에 앉아 그가 상담실 안으로 들어가는 것을 지켜본다. 그림자가 조용히 그를 밀며 들어간다. 한참을 지나 그의 그림자가 내게 와 귀띔을 한다. 오늘 타인의 그림자와 내 그림자는 바쁜 하루를 보내고 있다. 빗물을 묻혀온 그림자들이 여기저기서 눅눅하다. 어느 그림자는 주저앉고 또 다른 그림자는 춤을 춘다. 내 그림자가 병실 문을 나서며 가볍게 앞서간다.

그림자가 말을 한다. "기억할 것만 기억하세요" 그림자가 위로의 말처럼 전하는 그 소리가 윙윙거린다. 기억할 것만 기억하는 연습이 필요하다. 그림자의 말이 오늘의 처방전이다.

진료를 마치고 비가 내린 들판과 운무가 무겁게 겹친 산을 지나간다. 나보다 더 지친 그림자는 전주 군산간 도로 가득 붉게 물들던 노을을 불러오고 그 뒤를 따르던 차들의 불빛을 반짝 보여주면서 지친 나를 깊은 잠에 빠져들게 한다. 하루를 같이 지낸 그림자가 어렴풋이 보인다.

내 그림자를 옆에 두고 보낸 하루, 먼지를 털어내듯 허물을 벗는 시간에 그림자는 무엇을 털어낼까, 나를 일으켜 세우며 미로의 길로 안내하고 꿈을 주고 같이 웃었던 시간에 그림자 안에는 무엇이 숨어 있었을까, 휴식의 시간에 들어간 그림자는 결코 자신의 모습을 보여주지 않는다. 꿈꾸는 듯 머문 자리, 나도 깊은 휴식의 시간을 갖는다.

바람길에 앉은 나

여름 내내 무엇인가를 했던 것 같다. 달력은 매일 해야 할 일로 빽빽하게 채워져 분주하게 여기저기를 옮겨 다니며 일을 하고 약속된 일들을 털어냈다. 누군가를 만나면서 부딪히며 생각을 나누고 일의 계획을 세워 만족한 결과를 얻고자 했다. 그 속에는 소란함이 있거나 약간의 갈등 요소가 숨어 있는 가운데 타협을 해야만 하는 층층 계단이 기다리고 있었다. 드러나는 일을 싫어하기에 드러남을 경계하며 낯선 곳에서는 낯이 서는 것에 부대끼면서 숨은 감정의 에너지를 소비하는 것으로 저녁이면 지친 모습으로 돌아온다.

요즈음 드는 생각이다. 사는 것이 아니라 살아내고 있다는 기분이 든다. 그동안 무엇인가를 끊임없이 생각하고 말로 자신을 드러냈지만 채워있는 것을 덜어내는 소모적인 나를 만나는 것 외에 내가 정작 하고 싶은 일이 무엇이었을까를 생각해 보면 속이 빈 악기 하나를 열심히 두드려 댄 부끄러운 모습만 남는다.

바쁜 것에서 오는 강박관념에 시달리고 정신없이 서대다가 나약한 나는 더 급해지면서 삶의 여유라든가 생의 깊이를 드려다 볼 자세를 잃어가고 있다. 어이없게도 현실적인 것과 타협을 하고 계산을 맞추면서 다른 한쪽으로는 계속 꿈을 갈망하며 밤이면 별을 보며 대화하고 숨었던 별자리를 불러와 친구로 앉혀놓고 그때부터 하고 싶었던, 해야 할 일들을 펼쳐놓고 밤을 보내는 유아적인 모습을 가지고 있다. 낮에 지친 나는 밤을 지켜내는 문지기 역할을 하면서 그 자리에 앉아 하늘을 향해 조용히 문을 열곤 한다.

아파트 계단을 내려가 밖으로 나와 잠깐 길을 꺾으면 혼자 걸어오는 길이 나온다. 그 길은 내가 울타리 넘어 바깥세상으로 향할 때도 걷는 길인데 왜 그런지 나갈 때는 그 길이 확대되는 모양으로 넓게 퍼지면서 펼쳐지다가 일을 마치고 들어올 때는 길 하나가 고요한 그늘에 잠겨 의자 하나를 놓고 가만히 내가 오기만을 기다리며 멈추어 있는 듯 보인다.

벽에 붙은 의자가 내 생각을 한다. 나는 거기에 내 마음을 내려놓는다. 의자는 아무 말을 하지 않아도 오늘 하루의 나를 대신 말해준다. 그곳에 길을 낸 바람은 거친 일도 있었고 원하지 않던 일을 해낸 나를 다독이기도 하면서 가끔은 나를 세게 흔들며 지나가기도 한다. 때때로 나처럼 사람들도 그곳에 앉아 다른 곳에는 없는 바람의 세기를 경험한다. 시원한 바람이 긴 울타리 나무와 아파트 사이를 지나와 높은 천장 아래에 머물거나 세찬 걸음으로 반대편 그늘 속으로 사라진다.

지친 사람들의 몸과 마음이 한동안 머물다 가는 곳, 그곳에 혼자 머물러 있을 때가 점점 많아지고 있다. 한낮의 햇살을 닮은 강렬한 빛이 나를 따라오다가 기둥 끝에서 멈춘다. 가만히 의자에 앉으면 높은 처마 밑 그늘과 햇살의 경계가 뚜렷한 그 너머에서 나뭇잎을 흔들며 바람이 온다. 바스락거리는 소리와 함께 오는 시원한 바람의 날개가 내 몸 전체에 휩싸일 때는 내 안에 고인 둔한 물질들이 한 번에 맑게 풀어져 밖으로 분출되면서 사정없이 흔들리는 몸을 주체하지 못해 두 손으로 자신을 안게 된다. 몸 구석구석에 밴 고통의 씨앗이 공중으로 날아가고 한결 가벼워진 나는 골을 타고 오는 바람길에 그 상태로 한동안 더 앉아있기를 원한다.

바람이 지나가는 길에 나를 놓는 날이 많아지고 있다. 귀를 열어야 하고 닫힌 마음에 고인 상처를 봐야 하고 달래야 하는 시간을 바람이 다가와 가볍게 털고 간다. 어떻게 할 수 없는 나를 바람은 섞이어 흩어지라고 흔들어대기도 한다. 그러면서 놓고 가는 것, 내 몸 어느 한구석에서 가만히 피어오르는 이름 하나를 본다. 그늘 속의 희망이라는 이름, 그것을 안고 일어서면 얼마간 반짝이는 신호로 삼고 또 살아갈 수 있다.

모과 떨어진 날

집으로 돌아오는 길에 수송공원으로 들어섰다. 낙엽이 지면서 풍경이 쓸쓸해지기 시작한다. 얼마 전까지만 해도 푸르고 하얀 천막이 공원 가득 늘어서 행사가 한창이었는데 이제는 주위 상가도 문을 닫고 저녁 장사 준비를 하고 있다. 꽤 오랫동안 공원에 들지 않은 것 같다. 처음 이사를 왔을 때는 이곳에 공원이 있다는 것이 반갑고 친밀하여 자주 들르곤 하였다. 이름을 다 알 수 없는 나무들이 심어져 언제쯤 자랄까 하였는데 십 년이 지나고 나니 꽤 무성한 숲을 이루었다. 나무에 맺힌 꽃들과 열매를 보고 이름을 알게 되었고 공원에 퍼져나가는 향기를 맞으며 숲에 들고 벤치에 앉게 되면 또 하나의 내 방이 이 공원에 만들어진 것만 같아서 행복했다. 그러다가 내 일이 바빠지면서 바라만 보는 공원이 되어 점점 멀어지게 되었는데 그렇다고 눈앞의 풍경을 다 놓치지는 않았다. 사시사철 계절의 변화는 뚜렷하여 오는 봄에 설레어 창문을 열어 그 향기를 담뿍 들이켰다. 그러면 매화꽃 향기와 살구꽃 향기가 잇달아 창문을 넘어왔다. 소낙비가 쏟아지면 큰 나무들이 휘청거리며 비에 담뿍 젖고 공원의 축구장은 저류지가 되어 잠긴 물이 빠져나가는 것을 지켜보아야 했다. 첨성대를 닮은 돌탑 아래 분수가 오르면 어디선가 못 보던 아이들이 뛰쳐나와 맘껏 뛰어놀며 주위를 맴돌았다.

올해는 단풍이 드는 것을 눈치채지 못했는데 조금씩 낙엽이 지고 쌀쌀한 공기가 느껴지면서 공원의 모습이 호젓하게 보여 한번 내려가 봐야지 하다가 일을 마치고 돌아오면서 자연스럽게 발을 옮기게 되었다. 한쪽에 놓인 운동기구에 매달린 사람이 공원을 바라보면서 몸을 돌리고 있고 휘어진 작은 길에는 아직 푸른 풀들이 나무 아래 몸을 세우고 있다. 공원의 길들은 나무에 가려져 길가 상점들이 더 운치 있게 보인다. 숲이 우거지면 주위의 집들이 아름다워진다. 높이 올라간 아파트까지 향기가 타고 올라와 마음에 향기가 나게 한다. 통닭집 간판에도 공원의 향기가 밴 것 같다.

몇 걸음 걸어가니 풀숲에 있는 무엇인가가 눈에 들어왔다. 노란빛을 띠며 다소곳이 뉜 동그란 그 무엇! 그것은 단숨에 알아볼 수 있는 모과였다. 모과나무가 이곳에 있었던가, 나무기둥에 새겨진 얼룩진 무늬의 단단한 모습을 잊고 있었다니, 잊고 있었던 나무에 대한 놀라움과 이 늦가을 툭 떨어뜨린 모과 열매가 그대로 하늘을 보며 떨어져 있는 것을 발견한 기쁨에 모과네? 하면서 얼른 만져보았다. 모과가 향을 내뿜으며 내 몸 안으로 스며들었다.

모과 향, 그 향기로 빚은 산문의 글들이 마구 쏟아져 내 몸에 담긴다. 화석처럼 빽빽이 박힌 시간이 모과 어디에 숨어 향기를 피우는지 늦가을 푸르고 싱싱한 몸이 가을이 해산한 탯줄처럼 선명하다. 깊어가는 가을을 닮아 스스로 떨어진 무게가 불어오는 가을바람에 점점 짙은 향기를 낸다.

모과가 익어가는 소리, 점점 향 짙어 숨이 깊어지는 나, 바람에 모과 태우는 연기 냄새가 난다. 모과 떨어지는 소리가 들린다. 내려앉아야 짙어지는 향기, 낮은 곳에서 나를 부르는 소리가 들려온다. 내 몸이 모과에 갇히는 소리가 들려온다. 주위를 둘러보니 몇 개의 모과가 더 보인다. 늦가을 저녁이 풍성하다.

집에까지 들어온 모과 향이 오래 머물고 있다. 멀리 있으면 가까이 있는 듯 향기가 있고 가까이 있으면 멀리서부터 오는 향기처럼 은은하다. 모과는 어떤 마음으로 소리가 나는 향기를 내는지 그 소리를 묻어온 바람에게 물어본다.

모과 향은 짙어가고 가을은 더 깊어지고 있다.

밥상

시월의 아침 여섯 시 삼 십 분에 노을을 바라볼 수 있는 것은 아들이 준 선물이다. 앞이 트인 공원을 건너 고층아파트 사이로 붉은빛이 번지면서 하늘 전체가 달아오르면 아침의 가림막이 열린다. 유리알처럼 맑은 불덩이 하나가 하늘을 덮은 구름을 밀어내면서 얼굴을 내민다. 오선지에 악보를 그리듯 빠르게 리듬을 타며 하늘로 오르는 해가 점점 내게 다가오면서 빛을 퍼뜨리면 나는 산란의 기쁨을 맛본다.

오늘은 아들의 생일이다. 구 시장 근처 산부인과 병동에서 태어났을 때 온몸이 땀으로 범벅이 되어 미쳐 희열과 고통을 씻어내지 못하고 혼절하듯 누워 쩡쩡 울어대는 아기의 울음소리를 들었다. 뼈마디 마디 열린 틈으로 아기의 울음소리가 치고 들어올 때 이미 나는 아기의 이름을 갖고 있었다. 손이 바쁘게 논에서 벼를 베고 있을 친정어머니가 떠올라 아픈 소리를 더 내지 못하면서 엄마가 보고 싶은 날이었다. 이 층 병동에서 받은 한 그릇의 미역국이 거친 내 목을 타고 아주 뜨겁고 묵직하게 흘러 여물지 않은 아랫배로 내려갔다. 내가 세상에 태어나 처음 생일상을 받은 것처럼 후루룩 들이키듯 한 사발의 미역국을 삼키면서 새로운 생명과 만났던 순간은 지금 생각해도 벅차다. 내 몸을 찢고 나온 고통을 잊게 한 것은 옆에 누워 만지기도 아까운 모습으로 고운 숨을 쉬는 아기였다.

해마다 그 날이 오면 그 벅찬 감정으로 아들에게 고귀한 밥상을 차려주고 싶다. 아들이 태어나 내가 엄마가 되었으니 아들의 생일은 곧 내 생일이라는 생각이 든다.

아침노을과 함께 밥상을 준비하는 시간, 냄비 가득 미역국을 끓이고 생선을 굽고 토란 나물과 매콤한 고추장 멸치볶음을 하고 밭에서 따온 가지를 솥에 쪄서 무치고 달큰한 불고기를 만들어 그릇에 담으면서 아들의 집에 도착할 때까지 식지 않았으면 한다. 예전에 친정어머니가 내 생일이 오면 보자기 가득 밥상에 차릴 반찬과 국과 떡을 가지고 골목길을 들어서곤 하셨다. 아직 식지 않은 뜨뜻한 먹거리들이 상에 차려지는 것을 보며 흐뭇하게 미소를 짓던 모습이 아들 밥상을 준비할 때마다 떠 오른다. 친정어머니의 마음이 이제 내게 와서 자식을 바라보는 애틋함이 무엇인지를 말해주니 안타까우면서 위로 치는 사랑을 늦게 알아 마음 한구석이 아려옴을 느낀다.

아들이 무엇을 갈망하는지 아직도 잘 모르는 나는 재촉하는 것도 없고 묻는 것도 별로 없이 떨어져 살면서 잘 찾아가지도 않는 무덤덤한 모습으로 지내 때때로 내가 아들의 제대로 된 엄마이기는 맞는지 의문이 들기도 한다. 희망이 있는 풍경, 재잘거리는 아침의 모습, 새벽을 맞는 싱싱함, 대지를 박차고 나가는 열정이 있기는 했었는지 밥을 싸면서 생각을 해본다.

아들은 나에게 하루에 두어 번은 안부 전화를 하고 간단하게 제 소식을 전한다. 아침에 퇴근을 알리고 저녁에 출근한다며 전하고 시간이 뒤바뀔 때는 또 그렇다고 담담히 전하는 아들의 목소리에는 지하철역의 마지막 오름 계단에서 지상을 밟는 묘한 톤의 밝음이 있다. 시간이 흐르는 단계에서 일어나는 일상적으로 일어나는 일을 잔잔한 목소리로 지금 집으로 가고 있고, 지금 서점에 가고, 지금 슈퍼에 간다고 전한다. 그 시간의 전개에 군살을 붙이며 수다를 피우는 것을 기대하는 것은 내를 건너고 산을 넘고 새로운 길을 만나는 것처럼 어려운 일이다. 아들은 제 속을 다 드러내지 않는다.

아들이 독립해서 나가고 나니 남긴 흔적이 여기저기 남아 지나온 인생의 그림자처럼 조금씩 보인다. 아들이 최초로 만난 사람이 우리인데 부모의 꿈이 아들의 운명을 시달리게 했고 어른의 마음은 들키면서 아들의 속내는 다 읽지 못한 어리석음을 범하고 부모와 자식 간의 꿈의 일치를 이루지 못한 채 압력과 좌절로 분노와 고통만을 나눈, 중년의 힘과 청춘의 부딪힘으로 꿈틀거렸고 치열한 자의식을 시간에 떨어뜨리며 몸부림을 치면서 서로의 날개를 부러뜨린 그 공간이 덩그러니 조용하게 남아 있다.

내가 뽑아 읽은 자리에 다시 꽂힌 책을 아들이 꺼내 읽어 본 흔적이 보인다. 이야기를 나누다 보면 내 감성과 아들의 감성이 때때로 들어맞아 생각의 일치로 만족스러울 때가 있다. 그때 이 넓은 우주 안에서 똑같은 꿈을 꾸며 같은 길을 걸어가듯 어깨동무를 하는 동질의 기쁨을 느낀다.

아들의 집을 찾아가 가벼운 옷차림으로 슬리퍼를 신고 대형 몰의 서점을 찾아가거나 구두를 사거나 여기저기를 기웃거리며 둘만의 한가한 시간을 보낼 때 가벼운 일탈에서 오는 즐거움을 맛본다. 약속되지 않은 시간의 만남이 휴가 같다. 시간은 우리가 가는 길을 따라 자유롭게 펼쳐지고 간단한 삶의 체험이 지루하지 않게 이어진다. 밖으로 분산되는 에너지의 힘이 느껴진다. 한 권의 책을 사더라도 그 책의 비밀을 미리 공유하는 기쁨이 있다. 헤어져 각자의 자리로 돌아가는 시간에 왠지 모를 여유가 생겨 내일을 살아가는 힘이 된다.

홀로서기를 하기 위하여 제집을 만들어 나간 아들은 저만 아는 세상을 살아가고 있다. 둥근 길, 직선으로 이어진 길, 아득한 길, 휘어진 길을 만나며 때로는 분노하고 절망하면서 그것이 제 길인 양 가고 있다. 상처받으며 꿈을 키우는 회색의 시대, 안타깝지만 궤도의 이탈도 있어 휘청거리며 부대끼는 젊음의 특권으로 지금 여기를 건너가고 있다. 이 처절하면서 모호한 시기를 이겨낼 사랑은 어디에 있을까, 새로운 어떤 기대로 인간애를 꿈꿔야 하는데 아들은 말이 없다. 그 온기가 다시 살아나기를 바라면서 아들의 생일 밥상을 꾸린다. 허기진 시간을 채울 따뜻한 밥 한 끼를 옴팍 안으며 바삐게 집을 나선다. 집을 나서는 순간 벌써 발걸음이 아들의 문 앞에 다가가 있다.

집

집은 내가 문밖을 나갈 때부터 내 뒷모습을 바라보고 있다. 나가는 순간 저절로 문은 닫히고 다시 돌아올 때까지 하나의 물체로 덩그러니 있다가 엘리베이터 문이 열리면 바로 나를 알아본다. 내가 다시 현관문을 들어서는 순간 나를 다시 만나게 되는 집은 내 앞모습을 보는 그때부터 이미 하루의 나를 알아보고 내 내면을 다 들여다본다.

집은 시간이 흐르면서 내가 만났던 사람을 알게 되고 관계를 오래 이어갈수록 걱정하고 간섭하고 다독이면서도 바깥에서의 만남을 격려하면서 응원한다. 그 이어진 시간만큼 집은 많은 생각으로 지쳐가면서도 나를 위해 자신의 이름을 내세우지 않는다. 집은 바깥에서의 내 생활이 길어질수록 조용하게 자신의 자리를 지키면서 나를 기다려 준다. 일정하게 음을 드러내는 냉장고의 기계음과 서쪽으로 기우는 해의 그림자를 따라서 지저귀는 새의 울음소리를 들으며 조용한 음을 집안 가득 채우고 다시 가볍게 그늘이 드리워진 창가에 빗살 무늬를 파도치게 하며 나를 기다린다.

현란한 밖이 오히려 집을 사색의 시간에 물들게 한다. 빌딩 간격 사이에 빛이 들고 바람이 스쳐 가고 자동차 소리가 지나갈 때마다 바람과 부딪히는 소리가 생각의 골에 스며들어 혼자 리듬을 즐긴다. 그것은 나 자신도 눈치를 치지 못할 만큼 자신에게 어떤 중독을 갖게 하는 고독성을 띤다. 그 빈틈에서 매듭을 잇고 또 풀어가며 웃으면서 하루를 넘어간다. 내가 많은 시간을 거의 바깥에서 보내고 가끔은 그 넓은 세상에서 헤매다 온 것은 아닐까 피곤해하면 들었던 음악을 틀어준다. 집과 나는 거의 같은 동질감을 가지고 살아가는 각각의 물체이면서 생물이다.

내가 바라보는 곳을 향해 집은 같은 시선으로 마음을 돌린다. 나의 중심에서 집은 어느 위치에 있는 것일까. 하루를 보내면서 바깥에서 집을 바라보았을 때 돌아가야 하는 집, 쉬고 싶은 집이라는 것을 알면서 하나의 사물쯤으로 알고 깊은 생각 없이 내 소유물로 여겨 가볍게 여겼던 적이 있었다. 때가 되면 팔고 떠나버릴 수 있는 하나의 물체이자 과거로 묻히는 공간이라고 생각했던 적이 있다. 그곳은 사실 내가 긴 시간을 머문 집이고 의식하지 않을 만큼 즐거운 장소이면서 각종 장식품이 아주 낯익은 자리에서 내 숨소리를 듣고 때로는 웃었다는 것을 어느 비가 오는 날 고요히 갇혀 있으면서 알게 되었다. 가만히 주위를 둘러보면서 몇 평의 공간이 아닌 무한 확장된 세계가 그 안에 있다는 것을 느끼게 되었다.

내가 가꾼 꽃나무가 무심함 속에서 촉을 틔우고 책장의 가지런한 책들이 내 손끝을 기다리면서 숨을 쉬고 있고 친정에서 가져온 오래된 구리등이 먼지 틈에서 유리알처럼 반짝이면서 '나를 가져올 때를 생각해 봐' 하면 집은 또 다른 나이다. 저장된 시간이 쌓여 있는 곳, 내 뒤끝과 마음속까지 들여다보면서 비밀을 지켜 주는 곳, 세상에서 풀고 오지 못한 이야기를 마저 다 들어주는 곳, 내가 준 것은 없어도 더 바라지 않는 공간, 오히려 내가 돌아와 자리해 주기를 바라는 친절함으로 내게 주인의 자리를 내주는 배려가 있는 모습, '집'은 많은 것을 가지고 있으면서 소박한 모습으로 항상 자기 자리를 지켜 준다.

외출에서 돌아오면 빈집은 다시 나를 맞이하고 나는 약간의 부끄러움과 나른함으로 신발을 툭 벗어 던지며 안으로 들어가 바깥에서의 일은 잠시 잊고 일상의 일들을 시작하면 집은 나에게 다시 새로운 마음으로 다정하게 다가온다.

이제 긴 시간의 여정에서 돌아와 나를 돌아보는 자리가 되어 구석구석 먼지를 털어내어야겠다. 세상에 나가 조잘거렸던 말씨와 흠집 내기와 지나가는 시간에 걸터앉아 오만한 자세를 보였던 생각의 독선과 배부르게 먹었던 포식의 순간을 쓸어내며 내 몸에 잔뜩 쌓인 찌꺼기를 비워내는 작업이 필요하다. 그것은 오래 묵은 것이어서 시간을 두고 작업을 해야 한다. 감추어져 있던 상처가 드러나 나를 다독이는 시간과 그것을 보듬으면서 가만가만 비워내야 하는 작업을 함께 하는 동안 집은 곧 내가 되어줄 것이다.

집은 품고 있었던 마음을 풀어내고 저녁 시간이 흐른다. 가벼운 일과 단조로운 일이 지나가면 나를 되찾는 밤이 온다. 내가 보이는 시간에 어느 날은 달이 찾아와 잃어버린 시간을 다시 창문에 걸어준다. 달빛이 안에 들면 집과 나는 포근한 둥지에 싸여 시간 가는 줄 모르고 묻는 것도 없이 대답할 것도 없이 어떤 무념의 상태로 흘러간다. 잠이 오지 않는 상태에서 집과 나는 하나의 몸이 되어 점점 잠으로 빠져든다.

제4부

그곳에서 울었다

그럴 때 어둠이 필요하다. 내가 보이지 않는 곳으로 숨어 들어가 무너지는 모습을 혼자만 보는, 철저하게 혼자인 곳에 나를 가두어야 할 그런 날이 있다. 어떤 것도 필요치 않고 나만 보이는 그곳에서 더 무너지거나 고요해지는 내 울음소리를 들어보아야 한다. 모든 것을 덮어버리는 섞이지 않은 검은, 이거나 하나의 색으로 물들어 일체인 나를 보면서 다른 것은 보이지 않는 그곳이 있어야 한다.

그렇게 고요함이 무너지게 무거운, 그늘이 내려앉은 공간에 갇혀 울었던 기억이 있다. 내가 나에게 많은 말을 해야만 하는 고립의 시간이 어깨를 누르던 때가 있었다. 그늘이 고인 방앞으로 햇살이 지나가면 시간이 그것에 말려 바람을 따라 멀리 달아나는 것을 보면서 눈물이 지나간 자리를 보았다.

그 틈에서 따라가고 싶지 않은, 그러면서도 눈길이 가는, 느리게 걷는 자신의 발을 내려다보면서 어디쯤에서 힘들게 걸어오고 있던 아버지를 생각했다. 나는 그때 홑창으로 덜컹거리는 유리 창문 넘어 세상을 힘겹게 바라보던 스무 살, 아랫집 지붕이 내려 보이는 그만큼 높이의 마당에서 밖을 보면 언덕을 올라오는 힘겨운 모습이 보여 울컥 목이 멘 때가 있었다. 그때는 그것만으로도 내 온몸이 슬픔에 절었다.

말을 하지 않고 살았던 것은 오래전부터의 일, 내 마음 밖으로 사람들이 지나가고 그들만의 낯선 언어가 나에게 박히면 내 소리를 드러낼 수 없었다. 사실, 그들의 소리를 챙겨 들을 줄 아는 귀가 열리지 않아 몇 날 며칠을 외롭게 있어도 불편하지 않았다.

내 안에서는 날마다 달팽이가 길을 내어 어딘가로 향하고 있었다. 가시가 없는 달팽이도 가는 길에 상처를 내고 소리 없이 언제쯤 저만큼 갔을까 하면, 그것은 힘겹게 지나간 길을 만들었던 것, 그때 또 막연히 슬퍼졌다.

마음이 두 개였을 때가 있었다. 밤하늘을 향해 마음을 열어놓고 있으면 별이 모여들었다. 마음이 어두운 나는 그 빛이 스며 더 환해졌다. 별은 다가와 내가 말하고 싶은 무엇인가를 끄집어내어 맑게 만들어 주었다. 그것만으로 내가 가진 사랑은 별빛만도 못하다는 생각이 들어 어쩌면 사랑이라는 것이 사람이라는 말로 변형이 되어 어지러운 세상을 만들었다는 생각으로 사랑은 꽃도 아니다, 사랑은 멀리 있는 별만도 못하다 하면서 그 방에 숨어 울었다.

예쁜 내 동생이 신혼 방에 찾아와 빈손으로 돌아가는 것을 보고 절망에 빠졌던 적이 있다. 손에 무엇인가 쥐여주지 못한 마음으로 한동안 괴로워 부엌문 앞에 앉아 고개를 처박고 울던 날, 주인집 인기척에 급하게 다시 부엌으로 뛰어들던 초라한 행색이 일찍 놓아버린 청춘의 대가인 듯하여 가슴을 쓸던, 자꾸만 뒤돌아보게 하는 그림자 하나가 지금도 그 골방 깊은 곳에 숨어 어른거린다.

이카루스의 날개를 내게 만들어 주려다가 일찍 세상을 떠난 아버지가 꿈에 보이면 결국 내가 무너진 것이 아버지의 꿈을 추락시키고 만 것이 되어 그 절망의 끝을 다시 짚어보게 된다. 원망을 먼저 배운 피붙이는 세상을 나는 법을 다 익히지 못하고 바다에 몸을 처박으며 무너졌다. 하늘에서 지켜본 아버지가 꿈으로 나타나 그때마다 용기를 준 것은 몸으로 나를 낳은 아버지였기 때문이라는 생각이 든다. 내가 미로를 헤맬 때마다 하나씩 길을 터준 아버지는 해왕성으로 다가와 아주 멀리 걸어가도 그 길은 힘들지 않겠다 하여 그날은 울어도 덜 외로웠다.

세상에 부딪히며 살아내는 요령으로 닫힌 입을 열어 나조차 싫어하는 말들로 가슴에 화농으로 고여 곪아 터져 매일 자신을 도려내야 하는 후회의 시간만 많아졌다.

나는 혼자 더 고독해져야 한다. 내가 더 잘 보이는 잘 닦여진 유리창 앞에서 고통의 자세로 서서 그 시간을 견뎌내야 하고 머물러 고요해져야 한다.

남의 눈물이 내 눈물이 될 때가 있다. 스쳐 지나간 타인에게서도 눈물을 배운다. 그런 나의 감정은 깊은 울음을 토해낼 때 그런 사람도 있다니 하면서 눈물을 쏟는다. 그러면서도 가까운 지인에게 상처를 받는다면 나는 얇은 사람이라는 생각이 든다. 남을 보는 시선보다 내 안을 더 깊이 바라보아야 할 일이다. 상처를 씻어내고 난 뒤 그 눈으로 세상을 다시 바라보아야 한다.

나는 점점 이원화되어 가고 있다. 하나의 내가 사라지고 둘로 쪼개지는 것은 위험한데 그 모습이 종종 비친다. 그러면서 어느 날은 억울하고 다른 날은 비참하다는 생각도 든다. 그 감정을 표출하고 나면 후회가 남는다. 한번 참고 돌아왔어야 하는 날이 많아지고 있다. 집에 돌아와 그런 감정으로 오래 앉아있으면 인생길 마디에서 울었던 마음을 다시 펼쳐 보게 된다. 왜 그랬던 가를 그 시간이 회색빛 안갯길이어도 걸어왔지 왔느냐 하면서 자신을 달래며 상처 난 시간을 툭툭 털어낸다.

나를 가두고 다시 울어 보아야 한다. 내가 무너지는 소리를 들어보아야 한다. 너무도 가볍게 산 것을 무거운 마음으로 바라보아야 한다. 언제부터인가 사라진 나를 다시 찾아내야 한다. 그때의 나를 만나서 쌓인 독을 씻어 풀어내야 한다.

나만이 아는 공간이 항상 거기에 있다. 울음을 들키지 않는, 자기 고백소를 잊지 말아야 한다.

마디

몸이 고달픈데도 잠이 오지 않는다. 11월의 마지막 날이 그렇게 가고 있다. 누군가를 생각하면서 기도를 모아도 오늘은 자꾸 마음이 흩어진다. 생각이 더 깊이 내려가지 않기를 바라면서 의도적으로 마음을 띄워본다. 아주 어두운 곳으로 떨어지기를 바라지 않으면서 조용히 한자리에서 머물러 하루를 생각해 본다.

나는 내가 몸이 아플 만큼 소모적으로 깊은 생각에 빠져들기를 원치 않는다. 항상 그 자리를 맴돌다가 잠이 드는 습관으로 이어지는 버릇을 깨트리는 방법은 없을까 해도 그 밤중에 무엇인가를 새로 한다는 것은 굉장한 에너지를 소모하는 일이어서 그 상태로 물끄러미 앉아 있다.

새로 사 온 몇 권의 책을 들고 펼쳐 보다가 다시 덮는다. 책 속의 글들이 살아나 이 밤중에 누군가를 가르치려 든다는 것은 지식이 얼마나 사람을 피곤하게 하는 것인지 -그것이 개인의 체험이

나 신앙적인 것을 드러내는 것이라도 해도 – 무엇을 말해도 드러나는 일에는 조심을 해야 한다는 생각이 들어 아무 소리도 들리지 않는 이 공간에서 그냥 시간 안에 멈춘 듯 있으니 몸이 조금은 나아지는 듯하다.

내가 지나온 길을 생각해 본다. 그렇게 긴 시간 동안 어디를 얼마나 거쳐 지나왔을까, 하루가 길었던 적도 있지만 지나고 보면 일 년은 너무 짧았다. 어떻게 바보처럼 그 많은 시간을 건너왔으면서도 지나고 나서 꼭 후회하게 될까. 가던 길을 멈추고 다른 길을 찾기는 어렵고 시간이 이대로 흘러가는 것을 알면서도 꼭 시간이 흐르고 난 뒤에 그대로 흘려보냈음을 다시 얘기하곤 한다. 왜 그럴까, 과거라는 것은 지나간 것 같아도 그 이름은 살아나서 내 앞에 현실처럼 나타나 형체를 드러낸다. 그 많은 시간의 경험이 그래도 완성된 결과를 보여주지 않는다.

흘러간 시간과 오는 시간이 내 안에 겹쳐 있다는 것을 알아차리면 지나간 시간을 사라졌다고 말할 수 없다. 많은 시간이 함께 내 안에 담겨 있기 때문이다. 그 어디쯤의 시간을 다 기억하지는 못하지만 내 안의 어딘가에 숨어 있는 시간은 종종 불쑥 나타났다가 사라지기를 반복하면서 내 마음에 시간의 무게를 달아 놓는다. 시간은 생각에 잠겨 밤에도 그대로 앉아 떠날 줄을 모른다.

흘러간 시간은 묘한 색깔을 가지고 있다. 시간이 여기에서 멀어지면서도 흔적을 남긴다. 견딜 수 없었던 일들도 다시 보게 한다. 용서할 수 없었던 일까지도 내 탓으로 돌리게 한다. 아주 멀리까지 와서 보면 어느 때는 다시 돌아가 보고 싶을 정도로 더 진한 그리움이란 이름을 달고 목이 잠기게 한다.

그런데도 기억되는 일들이 살아온 과정에 비교하면 그렇게 많이 떠오르지를 않는다. 사는 동안의 일들이 계속 되돌이표가 되어 다시 반복되고 재현되고 있다는 것만 알게 된다. 그 많은 사연이 드러나지 않고 내 안에 다 숨어 있다니, 숨은 기억이 나를 끄집어내달라고 하면 어느 날 불쑥 잊고 있었던 일이 다시 떠올라 지나갔다고 하여도 사라진 것은 아닐 거라는 생각이 든다. 시간이 지나간 자리에 남긴 흔적이 하나씩 털어지며 왜? 그 생각이 지금? 하는 물음으로 지금을 어떻게 살아야 하는지를 알려주는 것만 같다.

내 삶은 몇 개의 마디로 이어져 있을까, 그 마디를 다 셀 수 없다. 내가 살아왔던 길을 깊이 들어갈 것 없이 지극히 단순해지면서 있는 그대로 본다. 마디가 지어진 자리에 무엇이 남아 있는지 어릴 적 보았던 프리즘의 유리알 너머의 세계를 보듯 들여다보면 건너온 길이 알록달록 보인다.

하룻밤 사이로 비가 오고 눈이 오고 있다. 밤하늘에 눈이 하얗게 뿌려지는 길을 따라가며 시간이 마디를 짓는다. 어떻게 이 순간이 과거로 흘러가는지 지켜보는 밤이다.

길 잃은 나

혹시 길을 잃은 적이 있나요? 지금도 낯선 사람이 내게 나타나 묻은 것만 같다. 나를 닮은 또 다른 내가 전혀 다른 타인의 모습으로 나타나 어느 날 그렇게 물으며 나를 혼돈에 빠뜨리는 것은 아닌가 하는 일이 일어났다.

지하주차장에서의 일이다. 피곤하면 가슴이 저린 내가 아픈 한쪽 가슴을 짚으며 차에서 내려 고개를 든 순간 여기가 어딘가 했다. 전혀 방향을 알 수 없는 낯선 곳에서 쩔쩔매는 모습으로 주위를 둘러보는 나를 보았다. 매일 본 길인데 새로운 길이 눈앞에 펼쳐져 있었다. 천장은 너무 높고 줄줄이 이어진 기둥에는 알 수 없는 숫자와 기호들이 새겨져 나를 미로의 한 가운데에 세워놓고 바라보면서 너는 누구인가 하고 물었다.

도대체 기둥마다 써놓은 숫자와 기호는 무엇일까, 한 걸음씩 내어 딛으며 입구를 찾는데 몇 발자국만 옮기면 보이던 그곳이 보이지 않았다. 다시 되돌아 반대 방향으로 가도 그저 낯설기만 하였다. 고개를 돌려 저쪽 길을 보고 다시 뒤돌아봐도 본래의 길을 찾을 수 없는 어떤 한가운데에서 길을 잃고 말았다. 이런 일이 있을 수 있을까, 날마다 이 자리 가까운 곳에 차를 대고 오른쪽 왼쪽 어떤 방향이든 생각이 없이 가도 바르게 찾아가던 길이었는데 오늘 왜 이러게 헤맬까 하는 생각이 들었다. 지하주차장 전체를 울리던 심장 박동 소리와 유려하게 미끄러진 통로의 끝없음과 가도 가도 끝이 없는 그 길에서의 쩔쩔매던 모습이 입구를 찾은 뒤에도 한참을 뒤따라왔다. 생각에 혼란이 오자 그 순간에 친정엄마가 떠올랐다. 엄마가 길을 잃어서 시골 동네 구석구석을 찾아 헤매다가 옆집 부엌에 앉아 계신 모습을 보고 크게 당황했던 일이 있었다. 생각도 표정도 없이 막연한 모습으로 그 자리에 우두커니 쪼그려 앉아있던 체념에 젖은 모습에는 어떤 미안함이 배어있었다. 어딘가를 찾아 헤매다가 마지막 자리에서 지쳐있던 얼굴, 그 뒤에 숨은 낙담의 일그러짐에 앞서 내 숨소리가 더 컸던 안도감이 어머니의 자리보다 내 위치가 강압적으로 더 크게 보였던 것 같다. 그때까지 어머니와 친구처럼 지냈던 옆집의 아주머닌 이미 요양원으로 떠난 뒤였다. 보이던 사람이 보이지 않으면 생각이 흐려도 찾아가게 되는가 보다. 노인이 되면 자식은 이미 내 마음이지 않아 떠난 친구라도 찾게 되는가, 하는 생각이 들면서 내가 "이제 나가면 길을 잃어요", 하는 말에 얼마나 슬퍼했을까 하는 생각이 든다. 그 말에 얼마나 암담했을까 하니 지하주차장에서의 방황이 엄마의 세월을 따라가는 첫길이 지 않을까 하여 엄마의 지친 발걸음이 내 발등에 앉은 것만 같다.

홀로 허공을 짚으며 한없이 허둥대면서 어떻게든 빠져나가려고 용을 썼던 그 자리가 삶과 죽음의 그늘이 함께 지나가는 통로였고 그렇게 서서히 얽힌 한 가닥을 풀어가면서 진땀을 빼고 나니 나는 어떤 두려움에 휩싸여 뱅뱅 그 자리를 돌고 돌았다. 이제부터 나를 허약하게 만드는 물체가 내 안에 스며들어 나를 굴복시킬 것이다. 그 방황에 길에 들어서 나를 잃어가는 것을 체험하는 일만 남은 것 같다. 살아온 날이 선명한데 이 일을 품고 앞을 향해 가는 것은 무슨 의미일까. 무의식 속에서 가도 가도 보이지 않는 길을 가고 있다면 얼마나 힘이 들까. 벌써 그 길을 가고 있는지도 모른다 생각하니 두려움이 몰려와 엘리베이터 앞에서 주저앉아 진을 뺀 나를 다시 돌아보았다. 조금 전의 일이 허깨비가 보여준 한 편의 연극인가 하면서도 나의 미래를 보는 자화상일 수도 있어 자신을 다시 돌아보는 순간이었다. 세월을 지워가는 한 인생의 서막이 슬픈 노래처럼 가슴을 치고 들어와 늦은 밤 어둠처럼 내려앉은 날이었다.

슬픔을 알아낸 값

이제야 남의 말이 제대로 들리기 시작한다. 전에는 들리지 않던 온갖 소리가 정면으로 부딪쳐 오거나 비껴가는 소리로 다가오고 지나간다. 나를 말하는 소리가 누군가를 통해서 굴러온다. 언제부터인지는 알 수 없으나 세상 시끄러운 것을 닮은 소리가 다시 되돌아오고 잊고 있었던 말들이 살아나 덤비며 소리를 낸다. 그때는 먼지처럼 가볍던 소리가 크게 울리며 다가오고 주먹질을 해대고 내 가슴을 심하게 두드리기까지 한다.

그 소리를 듣고 있으면 지나간 내가 보인다. 하지 않아도 될 말을 했고 어느 때는 분위기에 취해 비밀처럼 소중한 것을 타인에게 가볍게 말하기도 했다. 함께 나눈 말들이 다시 온 것을 보면 말의 굴러가는 본성을 새삼 느끼게 된다. 말이 각색되어 온갖 잡티까지 붙어 큰 몸짓으로 굴러온다. 나도 잊고 있었던 가벼운 말이 다시 나를 찾아와 내 몸뚱이에 각인되어 칼날처럼 저미며 스며든다. 사소

한 만남이나 오래된 관계에서 빚어진 말들이 뭉쳐 하나의 사건으로 만들어지고 전해오면 더 견디지 못하고 신경이 쓰이고 그가 믿을 만한 사람이었는지 의문까지 든다. 몰려오는 피로감으로 내가 예전의 내가 아니라는 생각이 들어 조심스럽게 이대로 살아야 하는가 하는 생각이 들기도 한다.

가볍게 다가오는 나의 말, 하지 않아도 되었던 말이 나에게 도착하여 풍선처럼 터지기 시작하면 누구를 탓할 수도 없어서 내 탓만 하다가 심약해지는 자신을 보고 이제는 사람들에게서 멀어져야 하는 것은 아닐까 하는 고민까지 들어 차라리 고립된 자신을 상상해 본다.

어떤 말은 의미가 변색이 되어 스스로 얼굴이 붉어지고 자존감을 무너뜨리기까지 한다. 그런 나를 데리고 사라지고 싶다. 한 해 두 해 엮이어 쌓인 나이가 허무해지고 나를 지탱하는 고독이라는 것도 상처를 입고 낮은 바닥으로 무너져 내린다.

어린 내가 일찍부터 알아낸 삶의 체험 방식은 누구를 닮아 내게 온 것일까, 일찍 철이 든 나는 어린 날을 훌쩍 넘어선 모습으로 삶의 고지를 스스로 터득 했고 그 꼭대기에 앉아 세상을 바라보는 힘을 키웠다. 발밑에는 냉기가 구름처럼 흘러 오히려 신비로웠다. 그 위를 나는 새들이 오래도록 친구가 되어 주었고, 내가 산처럼 울었을 때도 닫힌 문 어두운 구석으로 가만가만 스미는 아버지의 기침 소리가 다가와 힘이 되어 주었다. 상처가 밴 몸은 그때 이미 다 커버려서 침묵의 소리까지 들을 수 있는 영험한 귀가 열려 어머니가 부엌에서 소리 없이 울음을 토해내면 꿈속에서도 그 소리가 들려왔다.

어릴 적 하는 일은 늘 그랬다. 절망의 빛을 따라 동네 곳곳을 숨어다니고 그 빛에 젖어 오히려 위안을 얻었다. 낮부터 어지러울 때 으스름 다가오는 저녁은 늘 외로웠다. 윗집 처녀가 어둠 속으로 사라지며 들었던 하이힐의 굽 소리가 시간이 갈수록 멀어질 때 가슴이 쿵쾅거리며 뛰어대기보다 나도 어딘가로 떠나야 할 것 같은 비밀스러운 마음을 감추며 멀리 떠나는 계획을 세우기도 했다.

그 아련한 기억이 나이가 들면서 점점 굳어지는 석화石花가 되었다. 그보다 큰 세상의 일들이 낮과 밤으로 부대끼며 일어나고 얼룩지고 상처를 내면서 가라앉았다. 내 몸 어딘가에 유리처럼 박혀 피가 흘러도 시간이라는 묘약으로 회복이 되고 일상을 살아가면서 그까짓 지난 일들은 거의 무심하게 잊은 듯 무딘 사람으로 살아간다. 그러다가도 자존심에 부대껴 스스로 숨은 감정과 이성이 부딪쳐 싸우기라도 하면 부질없는 답의 결론을 내리고 간혹 몸살을 앓기도 한다.

열두 번을 들어도 가슴이 뛰었던 어린 날의 맑은 소리는 다 어디로 갔을까. 듣고 싶었던 말은 어디로 숨었을까. 나의 말은 얼마나 변색이 되어 하늘을 날았을까. 말은 홀씨이고 외로움이고 다정함이고 관계를 맺는 끈이었는데 언제부터 그냥 던지고 받으면 숫자로 끝나는 번호표가 되었을까.

묵은 것들과 변질된 시간과의 관계에서 스스로 단절을 시켜놓고 쉬는 동안 다가오는 소리를 듣는다. 장맛비가 내리는 날, 여섯 평의 공간에 앉아 폭음의 소리를 내며 하늘의 물을 쓸어다 땅에다 쏟아붓는 광경을 멍하니 바라보면서 나를 놓는다. 세상의 먼지가 씻겨 내려가고 물은 스스로 골을 파고 그 길을 타고 어딘가로 흘러간다. 무더기로 핀 백일홍잎이 구름 속처럼 흐리고, 댓잎은 그대로 마구 흔들려 종일 무겁다. 처마에서 일렬로 떨어지는 빗소리가 어린 날 얇은 지붕 밑으로 무섭게 내리는 소리를 닮아 그날의 내가 된 듯 무념의 상태에 빠져든다. 빗소리가 어느 순간부터 무음의 상태로 다가와 내 자리를 잊게 하고 모든 것은 내게서 멀어져 간다.

그 자리에 상처가 앉는다. 너무 빈약하고 나약한 소리이지만 이 상처가 빗소리처럼 매일 씻기지 않는다면 무슨 답을 얻을 수 있을까. 상처가 없이 산다는 것은 너무 이기적인 것이어서 세상과의 관계가 맺어진 이상 그대로 받아들여야 한다.

한동안 아프고 나니 저절로 답이 왔다. 나를 견뎌온 내 시간 안에 살아온 이력이 그 답을 내렸다. 그 치유의 시간에 나를 바라본다. 갑갑한 그물이 쳐진 내 생각을, 말하지 않기를 바라면서 말을 하고픈 말의 이중성에 젖은 나를, 혼자 있고 싶으면서 누군가를 그리워하는 고독의 편린을, 무거운 마음이면서 가벼운 발걸음으로 뛰고 있는 나를, 욕하면서 사랑하고픈 나를, 신을 멀리에 두고 살면서 급할 때 찾는 나를, 죄를 지으면서 용서를 바라는 나를, 백 가지도 넘을 불완전한 삶의 기대치에 얹혀사는 내가 듣는 소음은 나를 위한 심문이면서 자신을 돌아보는 고백서이다.

들려온 소리가 예언처럼 가슴 한구석을 치고 올라와 소중한 그리움이 된다. 그 소리를 안으며 상처가 앉은 자리에 지금의 감정과 시간을 내려놓는다. 내가 일군 기쁨을 거기에 앉히고 성났던 감정을 가만히 다독여 본다.

지금 내가 이겨내며 살아가는 자리가 그전만큼 강직하다 할 수는 없어도 상처를 다스릴 줄 아는 내가 되어 밤하늘의 공기처럼 착한 기운을 얻었으면 좋겠다. 행여 무슨 말이라도 하고 싶은 날, 기억의 창고 하나를 짓고 무수히 들었던 꿈을 거기에 담아 다시 나를 그려보고 싶다. 나이듦이라는 이름을 붙여 가슴으로 안고 싶다.

눈곱

아침마다 눈을 뜨면 눈가에 모래가 쌓여 있다. 밤의 고요가 앉은 자리에 쉴새 없이 모래를 퍼다가 쌓아 올린 모래성, 영혼의 우물에서 퍼온 꿈이 눈가에 앉았다. 잠결을 짚고 넘어가는 내 몸의 어떤 세포 하나가 혼자 잠에서 깨어 밤새 쌓은 모래성 하나 단단히 집을 지었다. 외계인이 우주 공간을 날아다니다 첫 연인을 만나고 별을 닮은 새끼 하나를 낳았다면 여기 앉은 자리가 천국인 듯 터를 잡고 지은 집이 내가 잠든 끝자락에서 아픔인 듯 환생한 것만 같다.

밤이 좋으면서도 밤을 지새우는 일은 갈수록 힘들어진다. 허물어져 가는 몸을 이기지 못하면서 생각이 많은 밤이 늘어나고 있다. 맑고 청명한 밤을 그리던 때가 글을 쓰던 때였다. 앞뒤가 함께 앓는 소리를 내는 글들이 서로 부딪히며 날을 새면 오히려 육체가 개운하였던 그때가 얼마 전까지의 일이다. 만나고 헤어진 사람들을 밤새 그리고 지우면서 생각을 정리하고 나면 엉켜있던 실타래가 풀어지곤 하여 오히려 편안해지는 나를 보았다.

내가 얼마나 밤을 좋아하는지, 얼마나 그 시간에 기대고 있는지, 밤이 오는 길을 얼마나 기다리는지, 낮에 지친 몸이 어떻게 회복이 되는지, 모든 소리가 소음 없이 들려오고 많은 생각을 내게 전해주는지, 기다리면 약속처럼 오는 시간이 내게 있다는 것이 얼마나 큰 행복인지, 밤의 테두리 안에 내가 있고 그 고요의 바다에 빠져 소리 내지 않아도 많은 대화를 할 수 있어 그 밤이 얼마나 내게 위로가 되어주는지, 그런 밤을 가지고 있는 나에게 어느 때부터인가 밤의 시계가 조용히 문을 닫았다.

그 시간의 울림을 점점 들을 수 없다. 어느 시간의 고비를 넘기지 못하고 시계는 나를 잠들게 한다. 밤이 다가오는 저 끝에서 바다 깊이 물을 퍼 올리는 무게만큼의 두레박질과 간간이 울어대는 대숲에서의 곧은 바람 소리가 끝까지 선명하게 들려오지를 못하고 나도 모르게 흐릿해지는 눈동자 밖에서 머물다 가버리고 만다.

잠들면 꿈속에서 내가 나를 만나기도 하고 미워하는 사람이 점점 다가오면 손사레를 치다가 끄응 돌아서고 보고 싶은 사람을 뒤쫓다가 길을 잃기도 하고 오래된 집 앞에 머물러 무엇인가를 열심히 전하려 하고 꿈속에서도 바쁜 내가 되어 정신없이 진을 빼다가 눈을 뜨면, 부스럭거리는 모래성이 내 눈가에 쌓여 있다. 그대로 눈을 비비면서 시간의 빠른 이동은 마술처럼 밤에 이루어지는 것이 아닐까 생각을 한다.

눈곱을 닦아내면서 무엇이 이 모래탑을 쌓았을까 하면 지친 내 몸 어느 구석의 세포 하나가 밤이 되면 일어나 활개를 치며 그 손끝으로 숨은 나를 다시 그려낸 것은 아닐까 하는, 이제 더는 어떤 일도 하기가 힘든 표시를 주고 간 것 같아 흔적없이 지워 버린다.

한 시절 풋풋했던 내가 이제는 눈을 뜨면 눈가에 앉은 모래탑을 보고 약간의 신열을 느끼면서 세월이 재촉하는 시간의 발걸음에 빨려 들어가 더는 지난날의 나로 돌아갈 수 없다는 것을 실감한다. 거울을 보면서 눈가를 만져보고 주름을 펴보면 건조한 눈동자 안에 고인 흐릿한 내 이름이 말없이 나를 바라보는 것이 보인다. 살아온 이력을 묻고 있는 것 같은데 어떤 대답도 할 수 없고 쌓인 모래알갱이들을 닦아내면서 이 허약함을 내가 안아주지 않으면 어떻게 되나, 걱정도 아니고 위로도 아닌 채 거울 앞에서 한참을 망설인다.

헝클어진 감정이 드러나는 날이 많아진다. 눈에 고인 눈곱 하나가 어제의 일을 말해주는 것 같아 그만큼 나약해진 나를 본다. 예전 같으면 아무 일도 아니었던 일들이 이제는 작은 일에도 불쑥 일어나는 감정으로 그런 자신에게 화가 나고 하루가 힘이 든다. 단순한 마음이 복잡해지고 가까웠던 사람이 피곤하고 저만큼 어딘가 떨어져 나가고 싶은, 애써 떨쳐지고 싶기도 한, 섞이고 싶지 않은 고립의 시간이 갖고 싶어진다.

아픔의 신호는 그렇게 왔다. 시간에 덤비지 말고 삶의 여유를 가져야 한다고 함부로 몸을 쓰면 안 된다며 잠들어 있는 나에게 신호를 보냈다. 몸 구석구석에서 일어나는 불협화음을 밤의 전령사를 보내어 잠든 내 눈동자 위에 그려 주었다.

감정의 기복까지 아픔의 척도인 것을 드러내어 가장 잘 보이는 눈 위에 놓고 갔다. 그러면서 눈 위에 그려진 흔적을 보고 오늘의 나를 그냥 스쳐 지나가지 않게 하고 바쁜 걸음을 멈추게 하면서 시간을 앞서가지 않게 했다.

눈곱, 급하게 앞으로 가는 나를 한걸음 멈춰 서게 했다.

안착

깊은 밤의 일이다. 낡은 비행기 한 대가 오래된 의자에 내려앉는다.

지상의 불빛이 밤하늘을 향해 열릴 때 고도의 높이를 맞추며 천천히 하강하는 비행기는 세상 어딘가를 헤매다가 체온이 담긴 내 의자에 사뿐 안착을 한다.

이곳은 나를 힘들게 하는 곳, 같이 살아 숨을 쉬는 곳, 항상 버틸 것과 싸우면서 결국 손을 들게 하는 곳이다. 때로는 패배와 긍정을 함께 나누는 곳, 바람은 불고 햇볕은 내리쬐고 비가 오곤 하여 병과 약을 골고루 나누어야 하는 곳이다. 세상을 걷는 나의 걸음은 지구의 돌기와 생활의 리듬이 달라 지치고 피곤하다. 우주에서 날아오는 피로의 물질들이 때로는 직진으로 다가오고 어느 날은 빙빙 돌아 숨바꼭질을 하며 나를 어지럽힌다. 그것은 질병으로 다가오다가 시련으로 부딪혀 오기도 하면서 종종 괴롭힌다. 시간에서 오는 것인지 자연의 섭리인지 알 수 없지만 내 생각과 몸의 껍질을 하나 하나 벗기면서 부정한 것으로– 건강과 반대되는 것이거나, 나이를 따르는 신호처럼– 다가와 나를 위태롭게 한다. 같이 살아온 것들이 조금씩 내게서 떨어져 나가고 고독이라는 것을 남길 때 나는 멀리 대기권 밖으로 달아나는 비행선이 되고 싶다. 그래서 우주 밖에서 세상을 직시하면서 나는 나를 다 모른다는 불안의 요소와 자신을 갈망하는 눈길에서 멀어져 우주 공간을 더 한껏 날아보고 싶다.

땅에서 벌어지는 모든 일에는 내가 모르는 일들이 많이 숨어 있다. 그런 날에는 하늘을 본다. 먼 곳에서 먼 곳까지 이어지는 그 거리가 신비의 길이고 잴 수 없는 속도이다.

세상을 느리게 가고 싶었다. 그때 몸이 아팠다. 상처를 받기 싫은 이기심 안에 나를 방어하는 불안의 심리가 환영처럼 너울거렸다. 세상 사람들이 인형처럼 눈앞까지 왔다가 웃고 사라졌다. 죽음의 연속성이 내 속에 숨어 나풀거리고 밤낮으로 나를 흔들었다. 가장 가까운 사람이 멀어지고 낯선 곳에서 만난 이름 모를 사람이 차라리 위안이 되던 날, 괴로움의 바깥은 어디일까 생각을 했다. 적당한 위로가 때로는 편안하다는 것과 진실과 고통을 구별하는 약간의 능력도 아픔에서 배웠다. 살려달라는 애원으로 신에게 미리 감사하는 인사를 용감하게 건네기도 했다. 내가 이미 체험한 행복은 어쩌면 가상의 자기 최면이 아니었을까 하는, 완전한 행복은 어디에도 있을 수 없지만, 그래서 행복은 완결되지 못한 채 천천히 다가

오고 그렇게 또 멀어진다는 것도 알았다. 행복이 비워둔 자리에 불안이 스며들면 바깥으로 뛰쳐나가고 거기에서 숨을 쉬고 다시 제자리로 돌아와 나를 살아내고 먼 도시의 냄새와 가보았던 그 섬이 그리워지면 찾아가 나를 다시 보고 돌아왔다.

몇 달 몸이 아프면서 누구의 말도 감당하기가 힘이 들고 내 안의 소리조차 잘 들리지 않아 혼돈의 시간을 보내면서 그동안 내가 서 있는 자리가 행복의 자리였다는 것을 괴로움에서 배웠다. 기다렸던 사람의 향기는 멀고 다가오는 손길도 잡을 수 없는, 오직 나만의 동굴에 갇혀 세상을 보았다. 모든 것은 집약적이고 또 아스라이 멀었다.

달팽이의 걸음을 믿는 마음은 어디로 갔을까, 움츠림이 품은 도약의 순간은 기다림의 꽃이었는데 그냥 그대로 멈출 것만 같아 두려웠다. 살아있어서 갖는 고통이 절망만은 아니라는 것을 아프고 난 뒤에 깊이 알게 되었다. 고독한 자리에 따뜻한 숨결이 있고 그 마주 보는 음각의 깊이를 사랑하고 있었다는 것도 늦게 배웠다.

낡은 비행기는 제자리로 안착을 했다. 그 비행기는 무거운 모습으로 앉아 점점 깊어지는 밤길을 바라보고 있다. 세상을 헤맨 발을 의자에 걸치고 내려 보는 길, 활주로처럼 긴 가로등이 꿈길처럼 길어지면서 보이지 않는 길이 반짝거리며 다가온다. 세상은 저만큼 멀고 어둠은 별을 세고 있는데 그보다 신비한 것이 어디 있을까. 상상의 힘이 우주 밖으로 날아가면서 도시의 밤은 나를 행복한 이방

인이 되게 한다. 희미한 불빛이 고단한 발등에 내린다. 숨었던 아픔이 내 옆에 앉는다.

지나간 여름은 비가 많이 내려서 갇혀 지냈다. 비가 오는 날 동굴 안에서 밖을 보면 세상이 삶의 꽃밭처럼 흔들렸다. 힘없는 자에게 주는 자연의 선물, 빗속을 지나는 사람의 큰 발걸음과 젖은 그림자가 너울거리며 멀어지면 나는 더 단단해져야 한다. 비를 피하는 도피처인 안식의 자리가 비가 오는 바깥세상과 마주한다. 그 세상 안에서 보고 싶은 사람은 멀리에 있고 비 오는 밤은 오래도록 무엇인가를 기다리게 하는 끈으로 잇대어져 불안하지만은 않다. 수상한 바람은 불고 이명처럼 들려오는 목소리가 자꾸만 빗소리에 묻혀 창밖을 살필 때 한번 아팠던 몸이 길게 일어선다.

이제 가만가만 다가오는 시간을 재고 있는 그 낡은 비행기 안에서 새벽을 맞는 채비를 해야겠다.

나만 울었겠는가

어린애처럼 울면서 또 다른 생각을 했던 때가 있었다. 울면서도 다른 생각을 할 수 있는 것은 신기한 일이다. 두 가지 아니, 몇 가지의 일을 떠올리면서 한 가지의 일이 이루어지기를 바라며 울어대다가 갑자기 한풀 꺾이는 상태를 맞는, 소원이 이루어지거나 그대로 얻는 것이 없이 끝을 맺는 단순한 작업 같은 어린 날의 울음은 얕고 복잡하지 않다. 내 감정을 가지고 고집을 피우다가 목적을 채우지 못해도 허무하게 그 생각을 내려놓는 장난감 같은 형태만 남는 물질, 어릴 적 우는 모습은 그랬다.

어른이 되어 우는 울음은 이미 나를 다 소진한 후에도 지워지지 않는 생각의 한 꺼풀을 마음에 앉히며 잠긴 시간을 풀어내는 행위이다. 한 개의 방이 필요하고 방을 넘지 않는 방음 막이 있어야 한다. 들숨 날숨이 어지럽게 교차하고 뜨거운 화구를 입안에 품어 가슴에서 올라오는 열꽃을 태워야 한다. 감히 시간이 내게 다가올 수 없는 무너짐이 있고 다만 창문 너머 밤하늘만이 그 광경을 다 보고 있다. 방 안의 한 사람이 천 리 밤하늘을 날아가고 수많은 별자리를 건너가 다시 심연 깊은 곳으로 떨어지는 모습이다.

아주 먼 곳에 숨은 우물에 앉아 그냥 퍼 올리는 두레박, 바쁘게 들어 올린 두레박에서 쉬지 않고 물이 떨어지고 내려갈수록 더 깊어지는 우물이 강으로 나가는 길을 찾는다. 산이 깊어 길을 헤매고 길이 보이지 않는다. 안에서 나온 울음이 바깥에서 길을 찾지 못한다. 길을 내지 않아 가지 못하고 부딪히는 것들이 길바닥으로 쏟아진다. 다시 주울 수 없는 무거운 것들, 이미 내가 걸어온 길에서 담아온 사연들이 멀미하듯 부풀면 더 나가지 못하고 그대로 응축되어 그것을 안고 어두운 구석에 앉아야 한다. 골을 타고 번지는 기억들이 자꾸 내 손을 잡아채며 한걸음 물러서기를 바란다. 어느 때는 그대로 멈추라 하면서 내가 더 죽기를 바라고 아주 낮은 음절의 고통을 가슴에 심어주기도 한다.

내 울음만을 본다. 책이 있는 아래에서도, 등만 보인 부엌의 자리에서도 흔들린다. 책은 눈물을 가리는 도구이고 개수대에서 등을 돌리는 것도 몸이 우는 것을 가리는 것이고, 어느 날 아무 소리도 들리지 않는 방에서 눈에 든 한 글자에 우는 것도 겹겹 쌓인 일이 한 글자로 찍힌 것이고, 글에서 배운 것과 길에서 배운 것은 달라 함께 노래 부를 수 없다는 것을 알았을 때 상처의 깊이만큼 맺힌 눈물은 또 달랐다. 세상을 살아가는 나약한 모습들이 나와 그들에게서 나오면 죽을 만큼 울었던 때가 떠올라 세상의 힘든 일에 달관하는 힘이 생긴다.

짐승의 울음소리를 닮은, 내뱉어도 힘줄이 끊어지는 것 같은, 손톱이 닳아 없어지는, 등을 굽히면 깊은 우물이 보이는, 내 울음을 어느 한 통에 쏟아놓고서 내 몸은 한결 가벼워졌다.

깊은 울음이 길을 찾아가는 것은 더 소진할 것 없이 빈 몸이 되는 것, 내가 울었다 하여도 세상과는 서로 모르는 상태에 있는 것, 아침이 밝아오면 아무도 모르게 뜬 해를 혼자서 맑게 바라보는 것, 더 비워낼 게 없어 그 이상 비참해지지 않는 것, 길을 잃고 밤새 운 내가 새벽바람 속에 길을 찾는 것, 너를 찾아가지 않아도 이제 외롭지 않은 것, 너에게 가지 않아도 너를 아는 것. 밤새 울어봐야 아는 일이었다. 어디 나만 울었겠는가,

들깨를 털자

농사를 지은 사람은 따로 있다. 나는 거기 한쪽에 꽃을 가꾸고 물을 주고 풀을 뽑았을 뿐 농토의 영역으로 들어가는 것은 그의 자리를 침범하는 것이어서 내 자리의 경계에서 그것을 바라보는 것으로 간섭하지 않고 지켜만 보았다. 그렇다고 무관심하다고는 볼 수 없어 가끔은 내가 심어놓은 방풍나물과 당귀를 보살펴 달라고 하면 그것이 그렇게 중요한 것이냐고 되물어오는 약간의 불만을 나누며 농사라고도 할 수 없는 텃밭 놀이를 하고 있다.

흙을 가꾸는 일을 하고부터 뇌가 맑아진 것 같다. 혼탁한 정신이 흙에서 불어오는 바람으로 씻기고 작은 언덕바지를 거쳐오는 숨은 칡꽃의 향기에 마음을 열면 한나절이 그냥 지나간다.

거친 손이 되어가고 손톱에 때가 끼는 것도 모르고 모임에 나가면 모두 깜짝 놀라곤 한다.

아무리 닦아도 시간이 걸려야만 손톱 밑에 물든 흙이 지워진다는 것을 알게 되면서 친정어머니의 손을 생각했다. 나중에는 그 무엇을 발라도 해결이 되지 않는 흙을 닮은 손가락 마디와 굽은 등이 떠올라 적은 땅에서 배운 것이 많아지는 그런 날들이 지나가고 있다.

그곳에서 애인이 기다린다고 남편은 해가 뜨기 전에 나가고 나는 내 일로 바쁘다. 종일 무엇을 했나 하며 하루를 말하면 나는 완성품이 거의 없는 말만 하고 남편은 재미나게 말을 풀었다. 봄이면 새벽시장에 나가서 사 온 많은 모종을 심은 일과 다음 날에 그것들이 아침 이슬을 맞고 싱싱하다는 둥, 오늘은 무엇을 하고 내일은 또 어떻게 해야지 하면서 살아있는 목소리를 냈다.

농사와는 거리가 멀었던 날에는 무엇을 했던가 할 정도로 심취하면서 작은 땅을 가르고 검은 포를 덮고 구멍마다 씨앗을 넣어 1센티의 싹이 돋아나는 과정을 지켜보면서 새벽길을 걸어갔다. 오면서 본 벚꽃이 장관이라며 며칠은 더 가야 할 텐데 하면서 꽃 걱정을 다했다. 바라본 풍경을 그렇게 순수하게 말을 하는 걸 보며 점점 자연을 닮아가네, 하면서 웃고 은파 호수 너머로 해 저물 때와 아침에 뜬 노을을 비교하며 사진을 보내오면 내가 감탄하는 단계까지 올라 그곳이 묵을 집처럼 되어 가네, 하였다.

뿌린 것만큼 답을 얻지 못해 시들하면 뽑아내고, 호박은 아직 드물게 열리는데 호박잎 누르게 변하자 깨끗이 뽑아내 정리하고 나니 다른 집들은 그때부터 호박이 푸짐하게 열리기 시작하였다. 작물들이 자라나다 말고 흔적없이 사라지는 것도 많았다. 왜 그럴까 하면서 배워가기 시작하더니 더 흥미를 느끼고 애착인 듯, 집착인 듯 그곳에 매달렸다.

6월에는 들깨 모종을 심어놓기 전 퇴비를 부어주고 간격을 두고 모종을 심더니 딸기 심어놓은 둔덕을 치워버려 딸기 좋아하는 내 마음을 상하게 하고 하얀 들깨꽃이 피기 시작하자 또 쳐다보고 또 쳐다보고 하는 것을 보면서 늦은 나이에 그럴 리는 없지만 "나 보기를 그렇게 하여라"했다.

누런 잎 뜨고 줄기가 마르던 때 조금만 흔들면 들깨 쏟아질까 봐 가슴이 조마조마할 때 낫으로 베어 햇볕에 몇 날 말리더니 나를 불렀다. 들깨 터는 것을 봐야 한다는 것이었다. 이 기쁨을 함께 나누는 것을 어느 때 어디서 느끼겠냐고 하면서 마침 며칠 속이 비뚤어져 있는 나를 불편하게 불렀다. "이 사람은 좋은 때를 몰라, 늘 제 마음 편할 대로지" 하고는 마지못해 갔다.

마른 들깨가 일렬로 늘어서 햇볕을 본다. 들깨 향이 벌써 마당에 가득하다. 건들기만 하면 우수수 떨어질 것만 같은 깻대가 빳빳하다. "수확의 기쁨이라도 맛봐야지"하면서 잘 쓰지 않고 있던 천막을 마당에 깔더니 동영상을 보고 배운 대로 큰 통을 가져와 그 위 대고 대나무 가지로 두드려가며 깨를 털기 시작한다. 연달아 두드리는 소리에 맞춰 통으로 굴러떨어지며 뿜어대는 들깨 향기가 계속 공중부양을 하면서 토닥토닥 소리를 낸다. 그러는 사이 나도 모르게 어깨를 누르던 묵직한 아픔이 사라지고 반대쪽에 서 있는 사람과 미운 경계의 선이 허물어지면서 깨를 터는 작업이 일상의 휴식처럼 느껴졌다. 농사 일을 하는 아낙처럼 옷을 갈아입고 장화를 신고 밀짚모자를 눌러 쓴 채 해가 떨어질 때까지 두드리다가 들깨 기름을 짜서 내게 가져온 친정엄마의 손을 떠올렸다.

들깨를 두드렸던 그 시간에 나를 생각하면서 멀리 대야장까지 가서 기름을 짜 다시 내게 들고 온 엄마가 생각이 나 "먹지 않고 남겨둘걸" 그 흔적이 그리워졌다. 어떤 것이든 항상 늦게 오는 후회로 반성이 시간이 길어진다. 들깨 하나를 털면서도 다 드러내지 못하는 여러 가지 마음이 순간순간 들어 그가 나를 들깨 터는 작업에 불러들인 것이 어쩌면 들깨 향 속에 추억 날리기를 하고자 하는 마음이 들었던 것은 아닐까 하는 생각이 들었다.

들깨 터는 일이 삶의 한 가닥을 다시 생각하게 하는 날이었다.

서래, 스래

아버지가 말하던 스래 포구가 보인다. 잊고 있었던 바람 찬 그곳에 분분 봄눈이 날린다. 눈발은 여기저기 어지럽게 흩어지다가 갯벌에 차갑게 내려앉고 이미 빠져나간 물살에 골만 깊어져 눈이 앉는다. 물길을 따라 늘어선 낡은 가옥의 양철 지붕 위에 사뿐 내린 눈이 굳으면 세찬 바람으로 발밑의 눈도 서걱거리기 시작한다.

스래, 아버지가 내게 조용히 심부름을 보낼 때 들려주던 소리가 공중을 맴돌던 봄눈 같다. 낮으면서 조용하게 들려오던 간절한 부탁의 목소리에 어린 내가 그곳을 향해 성급히 나섰던 어린 날의 발걸음을 닮았다. "가다 보면 금방 도착할 게다".

스래를 지나도 도착지는 너무 먼 곳에 있는데 왜 그곳을 가깝다 하였는지, 하염없이 걸어도 그곳은 멀어 바쁜 걸음으로 조바심을 치던 모습이 지금도 내 발끝에 남아 시리다.

포구로 가는 발걸음이 아스라이 작은 점을 그리며 길다. 시골집을 지키던 할머니와 할아버지의 걱정을 손녀인 내가 다 듣고 나와서 고단한 하루를 마친 어머니와 아버지에게 전하면 슬퍼할 것 같기에 들었던 말은 지워버리고 다시 씩씩하게 일어나 제집으로 돌아오는 모습을 스래는 다 보았다. 부탁의 답을 하나도 건지지 못하고 빈 몸으로 돌아오는 길에 조여오는 가슴을 쓸며 거짓말을 만들며 저녁 으스름 해가 질 때까지 서성이던 모습을 스래는 알고 있다. 아버지의 소원이 무너지는 것을 보고 싶지 않아 스래에서 거짓으로 만들어진 꿈이었다는 것을 아버지는 언제쯤 알아챘을까. 그 절망의 끝에 무너지듯 떨리던 독설이 갯벌에 앉아 있다.

서래의 시작은 스래였다. 서울의 근사한 어느 동네를 닮은 이름, 시골 사람 우리는 그곳을 어린 날에 스래로 불렀다. 스래를 지나면 섬사람들이 몰려 사는 중동이 있고, 그곳에서 벌어지는 중동 당산제는 시끄럽고 요란하기도 하여 포구가 들썩였다. 중동 호떡집 불난 것처럼 뜨거운 여름날을 서대며 보낼 때 와류의 깊은 물살은 강을 타고 멀리 내달았다.

석산을 지나면 역이 나오고 어깨를 치며 지나는 구시장이 있어 온갖 비린내와 간이 술집과 붉은 정육점의 불빛과 장마당의 펼침을 기웃대는 것만으로 허언의 배부름을 맛본 곳.

역 앞 느티나무는 여전하고 그늘이 모자랄 정도로 많은 사람이 모여 세상을 바라보며 하루를 보낼 때 사라진 역사가 아쉬워 다시 찾으면 그 너머에서 넘어오는 짠 내는 여전하고 이따금 뱃고동 소리가 들려와 사라진 이름, 스래를 다시 불러보게 한다. 그 이름을 불렀던 사람들은 이제 없고 서래라고 부르며 나도 그 이름을 따라 포구 구석구석을 살피는 관광객을 닮아간다.

포식으로 길들여진 갈매기는 코앞 기둥에 앉아 한낮 햇볕에 꼼짝을 하지 않고 썰물이 나간 좁은 포구에는 오래전부터 묶인 낡은 배들이 떠나는 것을 잊어버리고 잔 호흡을 뱉고 있다. 지난날을 다시 불러와 그 길을 따라나서고 싶은 꿈을 꾸며 정박하고 있다.

그곳에서 어린 날 슬픔을 짜깁기하며 거짓의 꿈을 엮었던 그때의 나에게 긴 엽서를 쓰고 싶다. 한 글자마다 어머니의 이름을 새겨 멋진 집을 짓고, 가리고 싶었던 봄날의 긴 그림자를 모아서 둘만 앉을 수 있는 딱 맞는 의자에 앉아 흐르는 강을 보며 아버지 얘기를 나누고 싶다. 그때 다다르고 싶었던 곳이 지금의 서래인 듯 말하며 지나온 스래의 아픈 기억을 다독이고 싶다. 아버지가 아픈 몸을 이끌고 다 자라지 못한 새끼들과 스래를 스쳐 바라던 집으로 들어가 안도의 숨을 쉬었던 것을 즐거운 추억으로 말하고 싶다.

밀물과 썰물은 시간의 숨길을 닮아 물이 빠지면 갯벌에도 뼈가 있는 듯 온몸 마디마디가 선명하게 드러나 바람 골마다 윙윙 긁힌 소리가 난다. 시간의 매듭을 풀고 해당화꽃 피는 어느 날, 아버지의 서래가 시린 깃발을 세워 펄럭였다. 씨알 굵은 조기와 고등어가 푸른 등을 보일 때 아버지의 숨소리가 들숨 날숨으로 펄럭였다.

출렁이는 강물이 길까지 솟구쳐 올라와 땅과 강이 부딪히는 폭음을 내며 사방이 울어댔던 기억이 아직도 또렷하다.

파장의 포구는 늘 쓸쓸하다. 포구는 오래된 문틀과 낡은 지붕이 고단한 숨소리에 젖어 자꾸만 긴 잠에 빠져들려고 한다. 서래 포구가 도시의 숲에 가려 졸고 있다. 손을 흔들어 보여도 시간여행 속에서 꿈을 꾸는 듯 나른한 눈빛으로 바람 손을 젓고 있다. 거친 바람은 눈보라가 세게 불어도 아무 일 없었다는 듯 강기슭에 햇살을 풀어내며 나를 바라본다. 지나간 시간이 갯바람에 흔들리다가 자꾸만 어딘가로 사라진다.

노시인의 방

그의 방에서는 파도소리가 들려왔다. 적막 위에 앉은 바람이 방 안에 고여 있다가 문을 열자 내게 밀려들었다. 노시인은 날마다 그곳으로 출근하여 글을 짓다가 창 너머에서 불어오는 파도 소리를 듣고 글을 잇고 있었다.

그곳에 들려면 오래된 건물 높은 계단을 한번 숨을 고르고 올라 다시 얕게 빛이 드는 복도를 걸어가야 한다. 복도 한가운데에서 단단히 문을 잠그고 자신만의 침묵의 시간을 지키는 시인의 방이 있다. 누구에게는 만남의 장소가 되고 어느 날 불쑥 찾아온 이에게는 반가움이 담긴 따뜻한 온실이 될 수도 있는 곳이다. 토닥거리며 두드리는 컴퓨터 자판의 소리가 조심스럽고 쉼표의 음률처럼 떨어지면서 그 촉을 받아 글을 빗어 책상 위에 놓는다.

허공에 떠 있던 글들이 사무실 구석에 내려앉아 시인을 바라본다. 드러난 활자들이 시인의 책상 위로 올라와 모래성을 쌓는다. 그의 글에는 무엇이 숨어 튀어나올 준비를 하는지 궁금하다, 그의 생각은 황홀한 활자로 바뀌어 신간의 서적들과 시집에 앉아 이 공간에서 춤을 춘다. 사연이나 사실을 엮어 한 권의 시집을 내기까지 부수고 다시 지어 다듬은 글들을 그는 얼마나 사랑을 할까. 글에 서툰 나는 그 대답을 물을 수 없어 눈앞의 활자만 바라본다.

가슴에 맺힌 시어들이 시대를 넘어왔노라고 조심스럽게 말을 하는 시인은 내게는 각별한 분이다. 내 글은 허무를 쫓는 희미한 것들뿐인데 확고한 사상을 담은 그의 글들이 낯설고 부럽다.

옛사람을 지나간 추억으로 말할 때의 변명이 조금은 수줍은 듯 담담한 그의 말소리에서 시 한 줄이 툭 떨어진다. 높은 창틀 위로 겨울나무가 비쳐들어 시린데 사람을 알고 지운다는 것이 그대로 진실이거나 거짓의 명확한 경계를 알 수 없어서 모호하다는 그의 말이 차라리 위안이 된다.

하나의 사건이나 사실이 노시인에게 건너와 어떻게 한 편의 시가 되는지 조용한 사무실 전경이 두꺼운 한 권의 책처럼 보인다. 지난 시간을 건너온 그리움을 자꾸만 그려대는 노시인이 외로워 보인다. 창 너머 그가 다니는 찻집은 한낮인데도 등이 비춰 어둡다.

그 앞에 놓인 내 글이 그의 생각에서 정리되어 가고 글의 갈 길을 짚어줄 때 그의 사무실은 다시 명료하게 글 밭의 터전이 된다. 명쾌한 해석이 글의 화려함을 지배하면서 오전의 시간이 지나가고 따뜻한 커피의 향이 묵은 난초 위를 흐른다.

몇 개의 난이 꽃을 피우기에는 아직 겨울바람은 모질다. 틈새 시간에 벽에서 얼른 신간을 찾아낸다. 손가락을 짚을 수 없어 눈으로만 읽을 때 시인은 지난날을 이야기한다. 반가운 사람을 같이 이야기하며 공유하는 시간은 내가 어제 부안 중계터널을 지날 때 들었던 라디오의 사연을 닮았다. 일주일의 사연을 재탕하면서 다시 즐거워지는 시간, 누군가의 사연이 반가운 것처럼 시인의 다시 듣기 소리는 정겹고 그 묵은 이야기들은 새로운 음색을 띤다.

한낮의 해는 그늘진 복도를 밝히지 못하고 그대로 지나가고 있다. 해가 있어도 다 보이지 않는 음영의 뒷길은 기필코 들어오는 바람의 소리를 닮았다. 나보다 앞선 이의 발걸음에 아직 더딘 내 눈이 따라간다. 현재를 살아가고 있는 것처럼 보이는 내가 사실은 어제의 어제를 그대로 살아 거꾸로 우주 끝으로 가고 있는 것은 아닌가 하는, 시간의 착시 현상에 빠져들 때가 있다. 오늘이 그랬다.

맑은 귀를 가지고 내 안에서 울리는 소리를 듣고 돌아오는 시간, 그 공간을 가득 메운 침묵이 오히려 더 큰 울림을 준다. 느릿느릿 보여주는 활자가 그대로 종이 위에 앉는 흔들리지 않는 무게가 되어 한 곳의 방향을 바라보고 있을 때 내일은 어떤 단어가 시어로 피어날까 궁금하다. 계단을 내려오며 시간이 한참 흐른 뒤의 여기는 어떻게 남아 있을까 하는 생각으로 길가에 서서 구 층 그곳을 한참을 바라보았다.

제5부

새로 만난 사람 / 등

수송동 교차점 / 어떤 날의 초밥집

가을 사진관 / 지곡동 어느 찻집

사람을 만나는 일 / 첫눈 오기를

그 후 내게 온 시간

새로 만난 사람

이곳에 이사 온 지 오래되었다. 아파트 현관 비밀번호를 몇 번 바꾸는 동안 단지 안의 나무는 꽤 우거졌다. 가을이면 하늘 높은 줄 모르고 자라던 캐나다 단풍나무가 올해는 하늘 깊이 솟아올라 물들기 시작했다. 며칠 전까지 보았던 분수대의 물줄기도 멈추고 그 주위를 뛰어놀던 아이들도 사라졌다. 그 사이 엘리베이터 안에서 만나던 사람들은 점점 바뀌고 새로운 얼굴들이 보인다. 이사 온 지 얼마 되지 않은 젊은 부부는 다시 이사 갔다. 윗집의 중년 부인도 전원주택으로 자리를 옮겼다. 같은 동에서 산 사람들이 하나둘 떠나가니 이제 나도 이사를 해야 하는 것은 아닐까 하는 막연한 고민이 들기도 한다. 그러나 살면서 이사를 수없이 했던 고충에 질려 더 용기가 나지 않아 차일피일 미루면서 지내고 있다.

묵은 짐은 쌓이고 청소를 하는 것도 예전만 못하고 베란다의 화분이 많아지는 것을 볼 때마다 이사 가는 것보다 집안을 비워내는 것이 더 현명하지 않을까 하는 생각이 들어 어느 날은 마음을 먹고 화분을 가져다가 가까운 친구에게 주어버렸다. 주고 나니 훨씬 마음도 가벼워지고 이사를 해야겠다는 마음도 줄었다. 묵은 옷들을 보따리에 싸서 헌 옷을 버리는 곳에 밀어넣자 한결 집이 가벼워지는 느낌이 들었다. 사들이는 것에도 무뎌졌다. 새로운 것에서 얻는 즐거움보다 털어낸 빈자리로 가벼워진 공간을 얻어냈다. 지금이 얼마나 빨리 지나가는지 실감을 하고 지금이 가버린 자리에 새롭게 앉는 내일이라는 자리가 낯설지 않게 흘러간다는 것을 빈자리에 앉아 다 느낄 수 있었다.

항상 지금 여기를 사랑해야 한다는 생각으로 내 안에 갇혀 생활을 하며 지내고 있던 어느 날 낯선 남자가 벨을 누르며 나를 찾았다. 그는 남편이 몇 번쯤 지하주차장에서 본 사람으로 내게 이상하다고 하며 말한 사람이었다. "그 사람은 항상 지하주차장을 뱅뱅 돌며 헤매고 있어" 호기심보다 걱정이 앞선 말투였다. 나이가 지긋하신 분이 그 넓은 주차장을 일정한 간격으로 돌아다니면서 호기심을 잔뜩 가지고 여기저기를 헤매고 있다는 것이었다. 그림자처럼 소리 없이 여기저기를 기웃거리다가 지상으로 올라와 구석구석을 헤매는 것을 자주 목격했다는 것인데 그 뒤부터 나도 주의 깊게 보게 되었다. 사람에 대해서 앞선 판단은 조심스러운 일이어서 미리 선을 그어놓고 살지는 않았지만 조금 걱정은 하고 있었다.

어느 여름날 밤에 잠이 오지 않아 음식물 쓰레기를 들고 일 층으로 내려갔다. 모두 잠든 늦은 시간이었다. 마침 일층 로비에서 낯선 사람, 그 사람이 바깥에서 들어오면서 나와 마주쳤다. 가벼운 인사를 하고 지나치려는데 나를 조심스럽게 부르는 소리가 들렸다. 경계할 수 없는 소박하고 다정한 목소리였다. “혹시 제가 이것을 좀 드리고 싶은데 가져다 드실래요?” 적막이 흐르는 로비에서 뜻밖에 내민 것은 밭에서 막 거두어 온 싱싱한 부추였다. “농사를 좀 짓는데 이렇게 많은 것이 필요치 않아서” 로비의 적막감을 무너뜨리는 말씨가 그의 공손함에 묻어 있었다. 그는 농사꾼이었다. 평생 농사를 짓다가 이 아파트로 이사를 왔는데 집 안에 있는 것이 영 답답하다는 것이었다.

들창을 두드리는 바람 소리도 없고 흙내음도 맡을 수 없고 밭을 씻을 우물도 보이지 않아 가만히 들어앉아 있는 것이 차라리 고통일 수 있겠다 하는 생각이 들었다. 그는 멀리에 두고 온 밭을 찾아가 밤늦게까지 일을 하고 다시 자전거를 타고 돌아오는 중이었다. 흙을 잊고 사는 내가 땅속에 앉은 지하주차장을 돌아다니고 있는 그를 이해하지 못하고 약간의 두려움을 가지고 지냈다는 것에 미안한 마음이 들었다. 내가 의심의 눈초리로 바라보고 있을 때 나를 바라본 그 정직한 시선에 부끄러움마저 들어 진심으로 사과를 하고 싶었는데 그 마음을 알면 오히려 상처를 받을까 봐 그 뒤로 만날 때마다 반갑게 인사를 하였다.

그는 여전히 아침 일찍 들판으로 나가 흙밭을 밟고 일을 하다가 돌아오곤 한다. 들로 나간 모습을 직접 본 적은 없지만 내 집 앞에 놓인 푸성귀들을 보면서 그가 지낸 하루의 시간을 짐작한다. 고층 아파트를 벗어나 자전거를 타고 들판을 가로질러 가는 모습을 상상하며 어떤 시원함을 느끼며 응원을 했다. 그가 아파트 계단을 오르내리며 집마다 문을 살피면서 내가 같은 교우라는 것을 알고 무척 반가워했다는 것을 나중에 알게 되었다. 부추를 주고받으면서 세세한 이야기 속에 이사와 생긴 걱정거리도 나누게 되었다. 40년 동안 다니던 성당을 옮길 수 없어 나와 같은 곳으로 교적을 옮기지 못하는 것에 괜스레 미안해했다. 그 모습을 보면서 나도 이제 이사 가는 것은 정말 어려운 일이구나 하는 생각이 들었다. 같이 잘사는 이웃으로 남아 어느 시간에 만나더라도 매일 새롭게 반가운 사람으로 보면서 살아가야겠다.

현관에서 그가 전해준 푸성귀를 알아듣고 들어와 그의 하루에 기도를 보탰다.

저 먼 곳 시골에서 어느 한 사람이 내게로 다가와 이 낯선 아파트에서 내 이웃이 되어서 삭막한 공간이 훨씬 따뜻해진 느낌이 든다.

등

가까운 지인과 보내는 가을, 아침부터 보슬비가 내리고 있다. 우리는 말이 없이 비가 오는 창밖을 바라보다가 지나간 얘기를 나눴다. 그의 삶의 길이만큼 내가 살아온 시간도 길고 멀어서 빗속의 풍경이 아득해진다. 주고받는 말이 안개처럼 공기에 적시고 우리의 공간은 좀 어두워졌다. 가을비는 오다가 멈추는가 싶더니 이내 다시 내리기 시작한다. 나는 갑자기 아주 멀리 사라진 사연 하나를 꺼내어 공중에 띄웠다.

눈이 오는 12월이었지, 발밑까지 빠지도록 하염없이 눈은 내리고 있고 내 등에서 아가는 칭얼거리며 밤하늘을 보고 있었어, 새벽까지 잠들지 못하는 부대낌은 무엇이었더라, 섬 집 아기 노래가 등을 타고 넘어 아가의 머리에 앉고 굵은 눈발까지 차곡차곡 쌓여 아기를 잠재웠어, 아가의 콧김을 등으로 안은 걸음이 얼마나 빨라지던지, 앞서가는 한 남자의 느릿한 모습을 막 재촉하고 싶은, 그런 젊은 날의 추억을 조곤조곤 펼치는 시간, 비는 그칠 줄 모르고 창을 때리며 내리고 있다. 가을비가 궂다. 비를 타고 수송동 어느 한구석에서 다시 한 사람의 일대기가 조용히 비를 타고 흐른다.

지난 겨울 호되게 앓고 나니 가까운 사람은 더 선명하게 보이고 먼 곳의 사람은 더 보고 싶어졌다. 내게 혼란스러운 시간이 몰아쳐 왔을 때 자신이 어떻게 무너지는지 지켜보면서 시간을 쪼개어 사는 방법을 찾으면서 먼저 간 사람을 기억해 냈다. 다시 그려보는 시간에 다가온 아버지는 무거운 등을 보이면서 자꾸만 멀어져 가고 이 지상에 뿌리고 간 여섯 개의 씨앗이 가을 하늘에 날리는 꿈을 꾸었다.

아버지의 꿈, 씨앗이 터져 공중에 분산하는 생명의 활력을 어떻게든 살려내어 열매를 맺고 싶은 남자의 열망이 무딘 말씨 안에 숨어 있을 때는 짐작하지 못했다. 그 시간에서 나오는 절망의 비릿한 내음이 골목골목을 돌아 이제야 내 전신에 앉아 그때를 다시 느리게 불러오고 있다.

아버지가 꿈속으로 돌아온 집은 어디일까, 살고 싶었던 집은 어디였을까, 세상을 등지고 살았던 그 고뇌의 시간을 어디에 감추고 꾹꾹 눌러 삼켰던 남자의 설움은 어디에 뱉어냈을까.

아버지가 살고 싶었던 세상을 지금 내가 살면서 그 침묵을 생각하고 있다.

내가 품고 있는 아가의 따뜻한 등의 온기를 아버지도 가지고 있었을 텐데 그 온기를 잃은 시린 등을 어떻게 감추고 있었을까. 살아보니 등은 따뜻한 가슴을 받쳐주는 언덕이었다. 내가 가지고 있는 등의 온도를 아버지도 그 먼 곳에서 간직하고 계실까. 아버지의 희미한 웃음, 낮게 떨리는 목소리, 앞코가 날렵한 밤색 구두 한 켤레, 바바리코트, 마른 사진 한 장이 가을 낙엽으로 떨어진다. 아버지의 등을 조금만 더 바라보았더라면 안고 있는 상처가 더 잘 보였을 텐데 서로 등을 지고 살아 그 골 사이 상처가 메워지지 않는다. 젊은 날의 내 상처는 사납고 아버지의 상처는 등을 보이지 않는 슬픔이었다.

아버지가 믿는 신은 그때에도 있었을까, 늦은 저녁 골목을 힘없이 걸어 올라오면서 찾았을 아버지의 신앙은 무엇이었을까. 그 암울의 시대에 여섯 씨앗의 착한 눈망울들이 기다리는 저녁을 차마 지울 수 없어 힘겹게 오르며 디디던 그 발걸음이 뒤늦은 내 후회에 얹어 살아난다.

내가 원한 만큼 내 손에 쥐어져야만 하고 내 무거운 마음을 덜어내야 하고 고통을 덜어내 줘야 하는 편리한 저울을 기대하고 있는 기도에 신이 어떻게 다가올 수 있을까. 그렇게 매달린 내게 신은 무슨 대답을 해줄 수 있을까. 옆에 있었던 나약한 사람을 멀리 내치면서 신을 부르던 나의 이기적인 기도는 언제쯤에서 조금 겸손해졌을까. 종교를 가지고 있는 내가 아버지가 갖고 싶었던 그 신념을 이제야 알고 두 손을 모은다.

아버지, 등을 보이며 울었던 아버지를 이제 이해하면서 몸 한구석이 통증으로 저려와 밤늦은 시간을 끌고 가고 있다. 꿈속에서 본 아버지가 나를 받아들이지 않고 내치었음이 죽어서까지 감추는 아버지만의 사랑 방식이었을까.

이제 곧 계절은 바뀌어 눈 내리는 겨울이 올 것이다. 그러면 눈길을 걸으며 어린 아들에게 대주었던 따뜻한 내 등과 시린 등을 굽히고 언덕을 오르던 아버지가 떠올라 고달팠던 아버지의 청춘과 젊은 날의 사랑의 대가가 얼마나 무거웠는지 떠올리며 그 시간 어디쯤을 다시 짚어본다.

수송동 교차점

오래전에 알았던 지인의 슬픈 소식을 듣게 되었다. 어떤 이유로 멀어지면서 잊고 살았는데 갑자기 연락을 받고 나니 과거의 일들이 단절된 시간을 훌쩍 넘어 순식간에 물밀듯 밀려왔다.

생각해 보니 그는 내 기억 깊은 곳에서 여전히 밭을 매고 있었고 나를 위해 감나무 가지를 꺾고 있었고 가꾼 푸성귀들을 하나라도 더 주기 위해 바쁜 모습으로 고랑을 허둥대고 있었다는 것을 알게 되었다. 그는 내가 아는 사람의 남편이다.

사람을 잃어버린다는 것은 기억의 한쪽이 무너지는 일이고 확신했던 일까지 오래된 영화의 자막처럼 흔들리고 부서지면서 혼란을 가져오게 하는 일이다. 급격한 시간의 추락과 함께 다시 살아나는 기억으로 마주쳤던 시간이 아주 선명하게 시간의 수면 위로 떠 올랐다.

죽음은 삶의 연속성을 지워버리고 무한한 과거만을 불러오는, 살아야 한다는 선언을 멈추게 하고 다가오는 내일과의 단절이다. 살아서 겪고 있는 고통이 사라져버리는 일은 그 옆에 함께 있었던 행복까지도 함께 가져가 그것만으로 슬픈 일이다.

코로나 19로 세상을 허겁지겁 살아왔다. 집단 전염병에 대해 체계적인 대응이라고 하지만 불안은 계속되고 시간을 버텨내는 일이 매일 숙제처럼 지나갈 때 아침부터 집 앞 보건소에서는 사람들이 비상시처럼 공원 안까지 긴 줄로 늘어서 초조한 기다림으로 살아내는 것과 숨어있는 병을 잇대고 있었다. 자고 나면 내가 지나온 도시 여기저기서 감염된 사람의 숫자가 날아들고 방역의 수칙을 알리며 조심을 당부했다.

위태롭게 급변하는 시간은 어떻게든 이 위기를 벗어나고자 신규 확진자의 울타리 안에 들지 않기 위해서 치료제인 화이자와 아스트라제네카 신약들의 등장에 위안을 받고 위로와 걱정 속에 바이러스와의 전쟁에서 이겨내고자 애를 썼다. 얼마 전까지 상상이나 했던 일인가, 그 와중에 개인적인 건강 상태가 급자기 나빠져 점점 큰 병원으로 옮기면서 겪은 고통은 또 이루 말할 수 없었다.

다른 해와 달리 국민의 한 사람으로 겪은 코로나 19사태를 이겨내고자 계속 조바심을 벌이고 있는 것과 개인적으로는 충격적인 진단 결과를 들으면서 서울까지 진료를 받으려 다녀오면서 많은 사람이 질병에 시달리는 것을 알게 되었고 그 병에서 헤어나지 못하고 사투를 벌이고 있는 사람이 너무 많다는 것을 알게 되면서 왜 느닷

없이 이런 일들이 한꺼번에 일어나는지 혼란스러웠다. 그러면서 드러나지 않고 숨어 있던 일상의 일들이 행복이고 가까이에 있었던 평화로움이 건강과 기쁨의 빛이었다는 것을 실감하게 되었다. 지극히 단순한 일들이 나를 편안하게 했고 하루하루를 이어가게 했다는 것을 내 삶이 어느 한쪽에 치우쳐 보고 나서 더 큰 가치로 다가왔다. 무심히 흘러가는 시간 안에 보이지 않게 자기 자리를 지키면서 살아가는 무수한 존재들이 나와 연관성을 가지면서 싹을 트고 건강하게 자라나고 있다는 것을 알게 되었다.

그래도 펄펄 날던 새가 맑은 유리창에 느닷없이 부딪히는 것처럼 아무 일도 없었던 때에 자만하지 않아야 하고 그 우연성 때문에 삶에 겸손해야 한다는 것을 한해 얼룩진 시간에서 절절히 배웠다.

이렇게 바쁜 와중에 잊고 있었던 그 사람의 소식이 들려왔다. 일상생활을 하던 사람이 갑자기 세상을 떠났다는 소리와 함께 남은 사람의 모습이 떠 올랐다. 혹시 그는 언제부턴가 아팠던 것은 아닐까, 병의 예단에 앞서 살아가면서 치유를 해보고 싶었던, 어쩌면 더 생에 대한 강한 애착이 있어 혼자만 자신을 볼 수 있는 산속으로 더 외진 곳으로 외딴곳을 찾아 방황했던 것은 아니었는지 생각이 들어 한 번쯤 그 속내를 들어주지 못한 열리지 않았던 내 마음을 다시 들여다 보았다.

병보다 사람과 사람 사이에 남아 있던 단절, 좁혀지지 않아 더 멀어진 내면의 문제로 고달팠던 시간이 나에 대한 채찍질로 다가오고 먼저 간 사람의 고독한 삶과 때로는 웃고 있었던 그 모습이 자꾸 감나무 아래에서 흔들리듯 떠 오른다.

내가 그들에게서 멀어지고 난 후 삶의 아픔에 무력해진 가운데 세상의 안락에 젖어 산 것은 아니었는지 후회가 되고 더 이상의 인간관계를 잇지 못하고 단절시켜버린 내 매몰찬 모습에 그들이 더 멀어졌으리라는 생각과 서로의 아픔을 지워버리고 산 자신을 다시 지난날로 돌이킬 수 없다는 것에 어떤 슬픔이 고통과 함께 몰려 왔다.

밤마다 시끄럽던 우리 동네는 세계적으로 크게 유행한 이 전염병 때문에 조용해졌다.

한 여름밤의 유쾌함이 사라졌고 골목골목 누비던 청년들의 씩씩한 어깨와 발걸음은 사람을 직접 만나지 않아도 되는 또 다른 세상으로 숨어들고 오토바이 배달이 폭발적으로 늘어나게 했다. 비대면이라는 신조어도 나타나 이제는 일상어가 되어버렸고 언젠가는 사람을 닮은 인공지능을 가진 로봇이 내 집 앞에서 벨을 누르며 나와 대면을 하고 그와 언어를 소통하기 위해 새로운 언어를 익혀야 하는 신세계를 만날지도 모를 일이다.

고어가 되어 버릴 것 같은 사랑이라는 단어와 고통을 담은 상처의 영역과 그대와 나의 관계 등 무수한 감정의 언어들이 지금 내 마음 안에서, 우리 동네에서 여전히 살아서 숨을 쉬고 있는데 관계에서 멀어진 한 사람은 우주 밖 하늘길로 잘 가고 있을까. 그가 사랑했던 사람과 남아 있는 사람과의 끈은 길게 이어져 빛으로라도 흔들리겠지.

올 한 해 여러 일을 겪으며 지금 나는 수송동 어느 한 곳을 돌아 반전을 꿈꾸던 곳으로 가고 있거나 다시 새로운 갈래 길에서 인생의 교차점을 지나가고 있는 것 같다는 생각이 든다.

어떤 날의 초밥집

동네 번잡한 큰길 건너 골목에는 내가 좋아하는 초밥집이 있다. 그곳은 아주 배가 고프거나 맛을 잃어 무엇인가 절박한 맛이 생각날 때 갑자기 생각나는 집이다. 처음에는 작은 간판 하나에 식당 안도 그다지 꾸미지 않은 아주 소박한 상태로 가게 문을 열어 얼마나 갈까, 하는 상태로 드러날 것이 별로 없는 모습이었다. 젊은 아들과 나이든 어머니가 연 가게는 늘 그 상태로 특별할 것도 없이 일정한 시간에 문을 열고 닫는 평범한 가게로 보였다.

어느 날 한번 들러 초밥의 맛을 보고 그 느낌을 알았다. 식지 않은 온기가 있는 초밥 위에 골고루 얹힌 생선회가 특별히 신선하다는 것과 탱글탱글한 밥알에 적당히 밴 단촛물의 단맛이 자꾸만 생각나게 하는 평범한 가운데 고정하게 숨은 맛이 있었다. 그곳만의 맛의 느낌을 안 후 가끔 그 집 문을 열면 일정한 온도로 덥혀 진 조용한 실내에서 두 손을 빠르게 움직이며 초밥을 만들어내는 젊은이의 손끝 열감이 작은 가게 안을 편안하게 만든다. 소란스러움이 없는 조용한 실내에서 메뉴를 물으면 언제나 그러듯이 예의를 다하며 일정한 틀로 빚어진 초밥이 짧은 시간 안에 만들어진다. 밥이 꽃처럼 아름답다. 그 맛을 아는 내가 망설이는 순간은 어느 시인이 말한 것처럼 초밥이 네게 오는 순간 꽃이 되는 것이다. 달고 자극적이고 짠 음식이 동네 사방에 퍼져 피곤한데 초밥의 담백함은 나를 진정시킨다. 같은 밥 위에 앉은 몇 가지의 신선한 재료들이 나를 안정시키고 어떤 날은 내가 좋아하는 광어 초밥의 맛의 간결함에 내 피로가 씻긴다. 이것저것 젓가락의 망설임 없이 한곳으로 집중되는 맛의 진실에 주인장의 손가락 열감이 숨어 있다. 언제나 변함없는 맛의 진실함과 소박함은 점점 소문을 타기 시작하여 어느 때부터인가 재료가 떨어지면 일찍 가게 문을 닫고 말아 오히려 그게 마음에 든다. 주인은 나를 기억할지 모르겠지만 내가 편안하게 드나들 수 있는 곳이자 낯설지 않은 분위기로 가까운 사람과 가고 싶은 곳이다.

어느 날 그곳이 문을 닫아 다른 가게를 간 적이 있다. 사람이 많아 기계 앞으로 다가가 메뉴를 선정하고 계산을 하고 자리에 앉아 기다리는 동안 화려하게 자랑하는 문구들이 눈에 들어왔다. 작고 옹색한 식은 초밥이 내 앞에 놓이고 그 맛을 본 순간 손으로 빚었어도 어쩐지 가공된 맛이 입안에 번지면서 초밥의 맛을 잃게 되었다. 초밥에도 들어있는 맛의 무게가 나를 얼마나 즐겁게 하는지 그 집이 다시 가고 싶어졌다.

단골이라는 의미를 아는 순간 그 집은 그때부터 내게는 맛의 의미를 특별하게 만든다. 흐르는 시간 안에 담아두고 싶은 맛, 가까운 사람과 같이 가서 맛을 음미하고 싶어지는 곳, 어느 때는 공원에 싸 가지고 가서 푸른 풀밭을 보며 따뜻한 우동과 함께 하나하나 초밥을 음미를 하며 먹고는 차를 마시는 것까지 연결하고 싶은 느린 시간을 갖고 싶은 소박한 기대가 숨어있는 것이다.

계절이 바뀔 때마다 봄에는 봄꽃을 닮은 초밥으로 다가오고 여름에는 차거운 냉꽃처럼 핀 회 아래 살짝 열꽃이 밴 밥알이 맛을 돋우고 가을이면 바다에서 강을 차고 올라온 빛깔이 그대로 초밥이 되는 반가움이 있다. 스산한 가을, 뜨끈한 국물맛과 기름진 회가 만들어지는 것을 가을 초밥, 하면 한결 더 도톰하게 입안에 고인다.

겨울, 실내가 한층 따뜻해지면서 노란 등 아래 초밥이 놓이면 눈이 내리기 시작한다. 펑펑 창밖에 눈이 내리고 한 젓가락 초밥을 물면 펄떡이는 맛이 눈처럼 입안에 돈다.

살면서 몇 가지 사치스러운 일을 할 수 있을까 하면 초밥을 먹을 때 그런 느낌이 든다. 화려하지 않은 가운데 나만의 특별한 맛을 느낄 수 있다는 것으로 행복해진다면 내게는 화려한 일이다. 누군가와 그 맛을 나눌 수 있다면 그와 한걸음 가까워진 기분이 들겠다.

가을 사진관

한 사람의 역대기가 포근히 잠들어 있는 곳, 중앙로 우체국 옆 사진관에는 내 과거가 고스란히 보관되어 있다. 많은 것을 간직하고 있는 그 길이 한적해지고 결국에는 사진관 앞 큰 초등학교까지 먼 동네로 이사 가고 쓸쓸한 풍경으로 바뀌면서 사진관의 기운도 점점 잃어 발길이 뜸해지면서 결국 다른 곳으로 이사 가고 말았다.

학교 운동장에서 아이들이 운동회를 할 때면 덩달아 사진관까지 들썩였다. 붉고 파란 깃발이 도로까지 우르르 몰려나오는 것을 사진관 안에서 바라보면서 운동회가 끝나면 사람들이 이 사진관으로 들어와 한 통의 필름을 맡기고 돌아가면 바빠진다는 것을 미리 알 수 있었다.

사진관을 나오면서 옆 은행을 가고 건너 길 건너 이성당 빵집에도 들러 낯익은 빵을 집어 들 때의 여유는 사진관에서 나올 때와 연장선으로 이어져 있다. 평상시에는 시내에 나갈 일이 없어 잊고 있다가 즐거운 일, 특별한 일이 있을 때마다 사진을 찍어 자연스럽게 시내로 나가 그것은 약간의 설렘과 기대가 얹힌 외출의 시간이 되었다.

사진관의 주인 부부는 시절의 중심에서 나이 든 사람과 아직 어린 사람의 가운데에서 다가오는 것과 지나가는 시간의 흐름을 빠르게 또는 느리게 간격을 보여주면서 즐거움을 배가 되게 하였다. 간혹 그 이상 앞으로 나갈 수 없는 시간의 멈춤 앞에 처연한 모습으로 머물러 있는 모습을 한 장의 사진을 포장할 때에는 모두가 숙연해지는, 한 곳에서 낯선 사람의 마지막과 시작까지도 알 수 있는 그곳은 인생의 정거장 같은 곳이다.

삼학동 골목에서 유모차를 타고 있는 토실토실한 어린 아기와 아장아장 걷기 시작할 때의 전주 동물원에서의 강한 햇살 아래 찡그린 모습과 눈 내린 날의 신기한 발걸음을 넘어 아이의 시간이 프로그램처럼 간직된 곳, 세월의 둘레가 점점 확장되면서 그 안으로 세상 밖의 희망을 무한 퍼 나르며 꿈을 키운 시간, 모든 것을 잃은 것 같은 표정으로 울어도 사진관 안에서 우리는 폭발하는 기쁨을 맛보았다.

오늘의 일을 한 장의 사진으로 찾아내기 위해서는 며칠의 기다림을 가져야 한다. 그 사이에도 아기는 더 자라 엄마의 부푼 마음이 무엇인가 기념을 남기고 싶은, 필름은 이어지며 계속 돌고 돈다. 지금은 그 역사가 상자 깊은 곳에서 고이 숨을 쉬고 있는, 기대와 세월의 안착이 함께 머문 자리에 사진사의 예리한 눈길과 따뜻한 마음이 고스란히 숨어 있다.

아이가 커가면서 사진관을 찾아갈 일이 적어졌다. 여권의 사진을 내거나 먼 여행길에서 일들을 사진으로 풀어낼 때 들르거나 무심히 지나치며 바라보는 것으로 아직도 여전한 그 모습을 확인하게 된다.

아이는 자라 어른이 되어 독립된 생활로 빠져나가면서 한 장의 사진이 필요하여 다시 그 사진관을 찾았다. 지금의 청년을 모습을 보며 놀라고 어릴 적 기억을 떠올리며 공유된 추억을 나누며 이만큼 흘러온 시간을 흔들어대며 웃었다. 오랫동안 한 자리에 멈추어 서서 내 시간을 들여다보는 일은 나와 관련된 많은 정보와 지금까지 걸어온 인생이 차곡차곡 한 곳에 쌓여 내가 가는 길에 함께 하고 있다는 것을 그곳에 들를 때마다 느낀다. 잊고 있었던 사계절의 모습이 어디에선가 불쑥 튀쳐나와 새로운 모습으로 재생되어 비추면 사진관은 살아있네, 하는 생각이 든다.

사진을 인화하는 일이 아니고도 주인과 나눴던 대화들이 생각이 나면 그냥이라도 한번 들르고 싶다. 가을 문턱이 보일 때면 그 문을 밀치고 들어가 세월의 보물 상자를 열어보거나 아무 얘기나 나누면서 머물러 있다가 오고 싶어진다.

지금은 사진을 찍기가 두렵다. 가볍게 셀카를 찍고 마음에 들지 않으면 지워버리고 순간을 보고 마음에 두는 것으로 만족을 한다.

시간에 흔적을 남기는 것에 큰 의미를 두지 않고 순하고 단조로운 것에 안정을 찾는 바쁜 내가 되어버렸다.

그사이에 사진관은 이사 가서 아래층에는 칼국수 집을 내고 이층에 사진관을 두었다. 계단을 오르는 양옆에 늘어선 액자들과 이미지 컷들이 길을 내고 종소리가 울리는 문을 밀고 들어가 아무도 없는 빈방을 둘러 보았다. 일렬로 늘어선 드레스와 구두와 큰 거울이 우뚝 서서 바쁜 하루를 지나왔는지 숨을 죽이고 나를 쳐다본다. 그때 짧은 치마를 입은 여주인이 들어와 반가워하며 발랄한 모습으로 나를 마구 찍기 시작하였다. 그리고는 지나온 나이를 헤매며 이리저리 기록을 찾아 우리가 몇 년도에 만났고 그때는 이랬다 하면서 세월이 훌쩍 지나간 것을 서로 실감하며 새삼 놀라워했다.

밖은 어둑어둑해져 쌀쌀하고 사진관 안은 터지는 불빛과 묘한 대비를 이루고 그 틈에서 어디쯤 단풍이 들고 있었던 기억이 떠올랐다. 가을, 가을이 앉은 이 층 사진관 안에는 사진이 인화되는 동안 각자 자신만의 골똘한 생각에 잠겨 서로 다른 무엇인가를 생각했다. 주인은 어둑해진 방에서 화면을 보며 나를 찾고 나는 벽 여기저기에 걸린 사진관 주인의 가족 내력을 바라보았다. 아기 때부터 청년이 된 지금까지의 기록이 사실대로 들어나 그 성장에 기쁨을 느끼면서도 묘한 아련함에 사방을 두리번거렸다. 여주인은 이렇게 저렇게 변한 내 모습을 변화시키면서 지금의 시간에 물든 나를 지우려고 애를 썼다. 얼굴에 앉은 세월의 흔적이 지워지면서 아주 낯선 내가 그려졌다. 그리 기쁘지 않은, 나의 본 모습이 지워진 가공된 모습이었다.

"집에 가서 기다리세요, 아주 멋진 사진을 보내드릴 테니" 낡은 도시, 오래된 길에 가로등이 켜지기 시작한다. 백 년 빵집 유리창의 노란 불빛에 관광객의 모습이 비친다. 가로수 그늘은 어둑하고 사진관은 제 불빛으로 간판을 비추고 있다.

사진 한 장이 메일로 도착했다. 어디 한 곳 흠잡을 데 없이 완벽하게 손길이 간 모습, 지금의 나를 찾을 수 없는, 아주 낯선 내가 웃으며 나를 바라본다. 웃으면 더 주름지는 눈가와 흐트러진 머리칼과 화장기 없는 인상은 어디 가고 지금의 내 모습에 당당히 도전장을 낸, 어쩌라고, 하면서 들이대는 만들어진 내가 도도한 모습으로 완벽한 미소를 지으며 이게 나의 모습이면 좋지 않겠느냐 하면서 가면을 쓴 모습을 보여 준다. 사진관 주인은 옛날의 나를 보여주고 싶었을까, 지금의 모습을 보면서 살아온 나에 대한 보상심리로 선물을 준 것일까,

어스름 저녁이 올 때까지 사진 한 장을 피하듯 얼핏 보고 또 보면서 지금의 내 모습이 바닥에 떨어지기 전 붉은 단풍 같다는 생각을 한다. 어둠이 오기 전 저녁 끝에 앉은 붉음이 늦가을 외로움에 앉아 독백의 시간을 갖는, 내려앉은 내가 보인다.

지곡동 어느 찻집

어떤 사람은 매일 만나도 할 말이 있다. 늦게까지 대화를 나눠도 무엇인가 갈급하여 더한 말을 해야 할 것만 같아 어두워지는 시간이 아쉽기만 하다. 그를 생각하면 자꾸만 무슨 말인가를 하고 싶고 아주 평범한 대화도 귀하게 다가온다.

예전에는 같은 아파트에서도 살았다는 것과 그를 만나고 스치면서 지나간 것과 말 한마디도 하지 못하고 지냈다는 것을 늦게 알았다. 젊었을 때 알았더라면 더 푸릇푸릇한 대화를 나누며 지금까지 지내왔지 않을까 생각을 하다가도 그는 아파트 들어오는 입구 옆 라인에서 우리가 모르는 사이 오고 가는 어떤 기운이 있었던 것은 아닐까 하는, 약간의 상상과 인연의 기대를 지금까지 온 것 같다.

처음 어떻게 가까워지게 되었는지 기억이 나지 않지만 같은 모임에서 만나면서 서로 친근하게 지내게 되었다. 사람은 만나봐야 알고 말을 나눠봐야 그 깊이가 보인다. 그는 상대에게 정확한 표현과 똑 부러지는 말투로 약간의 차가움이 묻어 나는, 그래서 생각을 미리 하여 말을 해야 할 것만 같은 거리감이 들 수도 있는 사람이다. 그것은 그의 깊이를 아직 모를 때 보여지는 모습이라는 것을 차츰 알게 되면서 그도 나도 모르는 사이에 점점 가까워지고 있었다.

드러난 것에 집착하지 않는, 주고 싶은 것이 있으면 그대로 줘 버리는, 그것도 받으면 기분 좋아지는 계산이 들어있지 않는 나눔의 따뜻함으로 어느 때부터인가는 나도 그냥 거리낌 없이 받고서 고마운 마음을 그대로 전하는 편한 사이가 되었다. 사실 나는 받는 것을 그다지 좋아하지 않는 자기 결벽증이 좀 있는 사람이고 받아도 언젠가는 꼭 갚아야 짐이 덜어질 것 같은 주고받는 것에 익숙하지 않은 사람이다. 그런데 나도 누군가에서 무엇인가를 편하게 받을 수 있다니, 그 사실만으로도 한결 마음이 가벼워지는 상대가 되었다.

서로 만남을 약속하다가 내가 바빠지면서 자꾸만 시간을 미루게 되었다. 요즈음 그는 몸도 마음도 예전 같지 않은 어떤 상황에 빠져 있다. 그 색깔을 굳이 감추는 것은 아니지만 그러면서 별로 내색은 하지 않는 그를 보면 차라리 시간이 빨리 지나가기만을 바라는 것으로 내 깊이를 드러내곤 한다.

사는 것이 어떤 때는 살아낸다는 것을 말하는 것은 아닐까 생각이 들 때가 있다. 내 의지와는 상관없이 느닷없이 일어나는 일들, 갑자기 가는 길이 틀어지는 방향의 급격한 전환, 결코 우리가 생각지도 않은 일들이 순식간에 벌어질 때의 놀라움, 그것을 이겨낼 수 없어서 시간에 쓸려 때로는 무너지고 있는 우리들의 모습으로 가까이에서 일어난 것을 어떻게 설명해야 할까, 우리 둘은 그 안에서 시간에 묻어 어딘가로 가고 있다는 생각이 든다.

하루의 일과가 시작되는 오늘 아침, 갑자기 그가 시간을 물어온 것이 생각이 났다. 여간해서는 자신의 어려움을 드러내지 않는 그가 무슨 말을 하고 싶어서일까 궁금하면서도 알 것도 같은 마음이 느껴져 오늘은 어떻게 해서라도 시간을 내야지 하고 전주로 출발했다.

내가 바쁜 이유는 어쩌면 이제 몸이 예전만큼 따라주지 않고 몸보다 마음이 앞서 조급해진 걱정으로 인한 부족한 능력 때문일 거라는 판단이 들어 이제 일을 줄여야지 하면서 하루를 보냈다. 다행히 어디에나 좋은 사람들은 많아 그렇게 지치지는 않은 하루고 조금은 편안해진 상태로 전군 도로를 타고 집으로 돌아왔다.

돌아오는 길에 그를 생각했다. 누군가를 생각하면서 바로 만나야지 하는 마음이 드는 것은 관계에서 오는 희망이다. 그럴 수 있어 든든하고 또 위로가 되는, 인간과 시간이 같이 귀하게 여겨지는 마음과 설명할 수 없는 가까워지는 기운으로 그가 내 편이 되어주는 것을 느끼곤 한다.

종일 해가 뜨지 않은 겨울의 오후, 지곡동 어느 찻집에서 지친 나에게 뜨거운 차를 사는 그를 보며 지금을 어떻게 견뎌내고 있을까 생각했다. 그러면서 마음뿐 더 깊이 내려가지 않는 어떤 선을 지키며 그런저런 이야기를 나눴다. 조금씩 걱정이 묻어나도 그 틈 어디에 희망이 숨어 있는, 내일이 기다려지는, 내 암시의 뜻이 그의 마음으로 건너가기를 바라는 것을 알아채지 못한다 하여도 우리가 믿는 신이 그 다리를 이어주고 있다고 믿는다.

이 시간을 이야기하고 내일을 오는 그대로 받아들인다 해도 삶의 답은 있다. 인간의 걱정은 부풀려지는 특성이 있고 희망은 단단해지는 이름값을 가지고 있다. 굳이 어떤 것을 부담스러워하지 않아도 덜어내지는 것이 있고 저 밖에 있는 것들이 내 안으로 들어와 어느 날 내 것으로 될 수가 있다.

이미 밖은 어두워지고 나오는 길에 보이는 겨울 화단이 그대로 좋아 보이는 저녁, 어깨동무라도 하고 싶은 마음이다. 희망을 안고 돌아가는 마음이 내일 아침을 향해 가는 것 같다.

사람을 만나는 일

좋은 사람을 만나는 것처럼 기쁜 일은 없다. 며칠 전부터 그 사람을 생각만 해도 하루가 즐겁고 내가 가지고 있는 시간이 어디론가 기쁘게 흘러가고 있다는 생각에 나도 모르게 생기가 돋아났다. 생각이 꽃잎처럼 가볍게 날리면서 바람에 둥둥 뜨는 것 같은 그런 기분을 오랜만에 맛보았다.

그는 진실이 가득 담긴 신앙을 가진 사람이고 만나면 누군가에게 항상 밝은 기운을 주면서 나누고 베푸는데 익숙한 모습을 가지고 있다. 묵직한 덩치와 큰 얼굴에 웃음을 활짝 핀 그가 다가오면 벌써 내 마음이 열리면서 한발 다가서게 하는 그를 만날 수 있는 시간이 다가온다 생각하니 마냥 설레기만 하였다.

그것은 그 사람에 대한 신뢰에 대한 보답으로 무엇인가 멋진 선물을 나누고 싶어서였다. "겨울 바다가 보고 싶지 않으신가요?" 그 약속을 만든 또 하나의 다른 이유는 접어두고 다만 바다를 보는 것으로 만남을 만들어내었다.

그는 모두에게 평등한 진실을 나누는 사람이고 나누는 것도 공평하며 탓을 물어내지 않는 밝은 이미지로 궤도를 벗어나지 않는 편한 사람이다. 그런 직분을 가지고 있는 사람에게 처음으로 나 자신을 드러내고 싶은 순수한 생각이 들었다. 그사람에게 꼭 내가 좋아하는 이곳의 겨울바다를 보여주고 싶었다.

다가오는 시간이란 점점이 박힌 분침에 반짝이는 햇살을 내리는 일이다. 세상을 한바퀴 도는 분침이 또각또각 발걸음 소리를 내며 한 걸음씩 내게 다가오는 것을 나 홀로 충분히 느낄 수 있다는 것에 얼마나 행복해지는지 그 모습은 나무 둥지를 타고 올라 저만큼 세상을 바라보는 시선의 끝에 내가 앉아 있는 것 같은 기쁨을 누리게 했다.

세상이 저만큼에서 오는 일, 숲으로 난 길을 걸어가는 발걸음, 깊은 산속 나뭇잎과 나뭇잎 사이에 내리는 햇살의 비밀을 아는 것처럼 사람이 내게로 오는 일은 아름다움을 눈뜨게 하는 길이다.

나와 함께할 동조자 한 사람은 시간 맞춰와서 그간의 안부를 묻는다. 하루를 보낼 즐거운 걱정을 하며 오늘 하루를 꾸밀 궤도 안으로 들어와 나를 안심시킨다. 그 사람이 있어 시간은 더 자유로워질 것이고 그 속에서 갖는 시간을 꾸미는 일이 트라이앵글처럼 울려 쏟아낸 말들이 흩어지지 않고 한곳으로 몰려 기대가 부풀었다.

주인공의 발걸음이 유리창 밖으로 보이자 보고 싶었던 감정이 순간 뭉쳐 살아났다가 식당 안으로 번진다. 사람을 만나는 반가움과 나눠야 할 말들이 차곡차곡 식탁 위에 앉는다. 사실 중요한 내용은 없으면서 무슨 말인가를 하는 낯익은 모습이 내가 기다린 기다림의 표정이다.

어쩌다 만나게 되는 만남에서 가벼운 점심 식사와 품위있는 점심 식사를 저울질하며 어느 것이 더 어울릴까 생각을 한다면 다음부터는 그리 가벼운 것은 선택하는 것이 아니라는 것을 알게 된다. 다음 계획된 순서가 이대로 괜찮을까 살짝 걱정으로 이어지면서 갈등으로 이어져 아차하게 된다.

한참 시간이 흐른 뒤 새로 산 캐비넷을 여는 순간의 신선한 충동과 조금은 낯선 기분을 같이 느꼈다.

약속 후의 만남이 무엇을 남겼을까, 내가 주고 싶었던 바다의 풍경과 눈이 쌓인 섬의 이야기들이 얼만큼 전해졌을까, 갈수록 시간의 의미가 퇴색하고 그의 마음이 다른 곳으로 향하고 있을 때 내가 진작부터 주고 싶었던 간절한 기대가 저만큼 멀어진 것을 느낀다.

약속, 만남이 이루어졌을 때 무엇을 해야지 하며 더 고민했어야 했다. 물감으로 그린 수채화 한 점이 물속으로 빠져 들어간다. 그 섬의 오후가 저물어 간다.

가슴이 뛰었던 만큼, 기다림이 설레었던 만큼, 서서히 지워지는 하나의 풍경. 긴 문장 하나가 눈이 쌓인 섬 그늘 아래로 떨어졌다.

감성만 가지고 멀리서 오는 그들의 수고를 깊이 생각하지 않아 기다림이 빛을 잃어가고 하늘을 나는 새처럼 마냥 차고 올라갔던 기분이 슬며시 하강을 했다. 오는 길의 기쁨을 돌아가는 길의 수고와 비교하지 못한 계산으로 바쁜 사람을 불러놓고 내 감정에 몰입해서 하루를 그냥 보낸 것 같아 돌아서 가는 모습에 부끄러움이 남는다.

길은 밤새 내린 눈으로 발밑이 서걱거리고 바다 건너 눈앞에 보이는 앞섬은 생전 처음 보는 광경으로 그림처럼 하얗게 펼쳐져 있다.

그들이 돌아가면서 그런 마음이 없다 하여도 나 스스로는 무엇인가 부족하여 우리의 겨울 바다가 시립고 냉냉한 겨울 바다가 된 것같아 헤어진 뒤의 마음이 닫히지 않고 있다. 물어보고 싶은 인사를 다 묻지 못하고 내 꿈이 얼음처럼 깨어지는 소리를 듣는다. 보고 싶은 겨울 바다를 뒤에 두고 왔다는 것을 나만 생각하고 있는 것 같다.

첫눈 오기를

그 사람에게 안부를 묻는 늦가을 끝인사를 기억하는지. 첫눈이 오기를, 길이 끝나는 곳이 보이지 않게 눈이 오기를. 하얗게 밀려오는 그리움처럼 점점 다가와 마음을 따뜻하게 하는 온기처럼 오늘 눈이 오는 것을 보고 싶다.

낙엽이 지기 시작하고 앞집 창문이 이제 열리지 않고 닫혀 있을 때, 동네 커피점 늦가을 다섯 시쯤 높은 천정에서 내려온 등 밑의 어둠이 무겁게 느껴질 때 눈이 오는 걸 보고 싶다.

첫눈, 흐린 첫사랑처럼 멀리서 오다가 눈앞에서 한꺼번에 날리는 분분한 기억의 소생, 잊고 있었던 일들을 몰아오는 발자취가 밤새 문 앞에서 서성이는 것, 걸어오는 길이 지쳐 폭폭 쌓이는 허전함의 무게를 12월이 다 가는 오늘 기다린다.

첫눈의 한 걸음이 너무 커서 가슴이 뛴다. 오다가 멈춘 듯하여도 기다리고 있으면 또 날리는 눈, 겨울밤 내내 눈 내리는 것을 보면서 세상이 얼마나 넓어지는지를 하룻밤 지샘으로 알 수 있다니 몇 밤을 또 그렇게 눈 속에 있고 싶은 것을 혼자 떨면서 기대하는 것을 누가 보는지, 그와 함께 있고 싶은 밤이다.

꽃이 피는 것처럼 하얀 눈이 세상 곳곳을 덮고 나면 얼마나 많은 세상의 착한 요정들이 그 속에서 춤을 추는지 내 마음이 밝아지는 것을 보면 알 수 있다. 그러면 멀리 떨어진 사람들이 궁금해지고 안부를 물어야만 할 것 같고 목소리가 듣고 싶어진다.

이곳에서처럼 먼 곳에서도 눈이 내린다 하면 그 긴 눈길을 따라 달려오는 이야기가 들린다. 어린 형제들 아랫목 찾아 둘러앉아 소곤댔던 소리와 아궁이 불을 붙이던 아버지의 손끝이 동그랗게 밀려온다.

먼 친척의 넓은 정원에서 눈을 맞으며 피어있던 노란 장미가 봄이 올 때까지 지지 않고 피고 있었던 것을 지금도 잊지 않고 있는 것은 겨울이 내게 준 선물이다. 아마 그때부터 꽃을 알아 지금도 꽃이 좋은가 보다. 겨울이 오면 그 작은 기억 하나가 밝게 피어 눈과 같이 온다. 그 밝은 기운의 근원이 내 어딘가에 뿌리를 내려 삶이 그늘지고 어둠이 가시지 않는다 해도 겨울은 나를 지켜내는 색깔로 자리를 잡았다.

어떤 것에도 첫, 처음을 붙이기는 쉽지 않다. 그런데 매년 오는 눈을 첫눈이라고 하는 것은 왜일까, 그해의 처음이어서 처음이라고 한다면 그렇게 불릴 이름은 많은 것 같은데 비도 그렇고 피는 꽃도 그런데 누가 겨울 내리는 눈 앞에만 첫,이라는 아름다운 이름을 붙여 줬을까. 첫봄, 첫 여름, 첫 가을은 부르기 낯설고 그래서 세상 사람들이 그 첫눈의 이름을 달고 오는 겨울을 기다리는 것일까.

눈이 오는 것을 바라보면 생각이 깊어진다. 하얗게 쌓이는 생각, 답이 오지 않는 질문이 어딘가 눈밭을 헤매도 그렇게 지치지 않는 위로부터 내려오는 어떤 빛이 있다.

빛의 넓이와 어둠의 무게가 항상 내 안에는 자리를 잡고 어느 때는 분명하게 자기 선을 드러내면서 싸움을 하고 부딪히면서 갈등을 일으키지만 때로는 서로에게 스며들어 자신의 빛과 무게를 놓으며 타협을 한다. 그래서 내 갈등은 항상 위험한 어떤 선을 넘어가지 않는다. 그 이유가 나를 키우는 생명의 나무가 되고 내 안에 유전자처럼 앉아 나를 지키고 있는 것을 느낀다. 눈이 오면 그런 내가 더 잘 보인다.

눈이 오는 것을 기다리는 것은 사랑을 기다릴 때를 닮았다. 실체를 알면서 설명할 수 없는 그 따뜻한 그림자가 어디쯤 오고 있다고 믿는, 눈이 오는 것을 바라보면 그동안 지친 생각이 순간 지워지기도 하는, 그 감각이 내 한계를 뛰어넘어서는 어떤 가벼움이 그리워진다.

시간이 가는 것을 시간이 오는 것으로 그려내는 첫눈 오는 날을 기다린다.

아침부터 기다린 눈, 밤이 깊어가도 오지 않아 자꾸만 창문을 넘어본다. 첫눈이 오는 길을 바라보는 것처럼 한겨울 편지가 문 앞에 와 앉아있기를 기다리는 것, 그 인사가 오늘 첫눈으로 내게 다가오기를 기다린다.

그 후 내게 온 시간

삼월 선유도

바람은 새끼처럼 품고 있었던 섬을 바다에 내려놓고 있다.
물살을 타고 오는 바람이 섬에 기어오른다. 부딪혀 멍든 파도,
섬 벚꽃 가지 트기 전 하도 부딪혀 아파 울겠다.

수선화

봄바람 속에 수선화 피었다. 친정집 마당을 가득 채운 수선화,
햇볕을 쬐어요 내 독촉에 밖으로 나온 엄마는 밝은 빛에 휘청,
그 빛 건너지 못하고 그늘에 앉아 흐린 눈으로 꽃을 본다.
바람보다 가벼운 그림자로 앉아 수선화를 본다.

기다림

시골 외곽 삼거리 홀로 깜빡이는 신호등
쓸쓸해지니 비가 내리고 바람은
삼거리에 툭, 한 점 황색등을 밝혀 놓고
저 혼자 강을 건너갔다.

비 내리는 무녀도

젖은 달은 어디로 갔을까
밤에도 걱정 않던 달
비오니 궁금하다.

비응도 낙조

붉은 노을 사라지자 더 먼 곳 말도 등대가 반짝인다.
하나가 사라지면 다른 하나가 내게 온다.
오는 파도, 내게 말한다 멀리서 등대가 반짝인다고
이미 알고 있어도 그랬느냐고 대답하고픈 마음.

산나리

산나리 숨은 곳을 발견했어. 황금빛 산나리가 그 섬 벼랑에서 몸을 내놓고 바다를 향해 흔들리고 있는 것을 숨은 눈으로 바라봤어. 구름이 네 심장을 가리고 바람 속에서 혼자 흔들리고 있었지. 산 너머 우거진 숲을 지나면 고독한 황금빛이 바다를 보며 춤을 추는 것을 홀로 지켜본 내 가슴이 지금도 막 뛰어. 산나리처럼 흔들리며 비밀스럽게 울던 새소리를 내고 싶어. 그 산을 가린 바다 안개가 지금 나에게 자꾸 말하는 중이야 산나리 곧 핀다고.

선창

해망동 선창에 이른 아침부터 가을비 내린다. 일찍 자리를 잡은 낚시꾼은 우산도 없이 시간을 낚아채고 있다. 흐린 날 그 마음 가려져 다행이다.

헛된 위로

살만큼만 견딜 만큼만 나쁜 일이 일어난다는 것이 지금 나에게 무슨 위안이 되겠는가,

낮에 들은 말이 저녁이 되자 다시 무너졌다. 되지 않는 일에 위로의 부피만 커지고 있다.

틀린 생각

산다는 것은 이루지 못한 꿈은 쌓이고 남은 날들을 하나씩 지우는 과정이다. 그런 날들이 선택할 여력도 없이 급하게 다가오고 지나간다.

이 월달

스물여덟 개의 열매를 그새 누가 다 따 먹었을까
겨울 이야기 채 끝나기도 전에 봄 길 트는 문이 열린다.
무거운 어깨너머 가만가만 다가오는 그 누구
봄꽃 실눈 뜨고 보고 있다.

산당화

볼 붉어질 때까지 삼킨 눈물을
바람, 네가 모를리 없지
상처 앉을 때까지 나를 흔든 너
늦게까지 울어보고 싶은 날이네.

어떤 꽃

갈래가 많아 더 예쁜 것도 있다.
슬픔에 대한 위로
오늘 보고 온 네가 그렇다.

빈 의자

빈 의자에 내 생각을 앉혀놓고 바라본다 때로는 생각만큼 무거운 것이 없다.

나를 보고 간 사람

당신이 가고 난 뒤에 겨우 이렇게 말을 합니다. 응원합니다 당신의 삶을 어떤 위치에 있든 고민도 있고 상처도 받는답니다. 이것을 모를 리 없다는 것을 알면서도 한껏 힘을 실어주고 싶은 날입니다. 힘내세요 시간은 가고 새날은 온답니다.

– 어쩌자고, 그냥 같이 울었어야 할 것을 –

동네 방앗간

도시에서는 참기름을 어디에서 짜오지? 들깨를 기름내야 하는데 생각을 했다. 동네 방앗간이 어디 있더라? 잊고 있었던 추억의 집 그 방 노란 비닐이 깔린 평상과 입을 벌린 포대들과 힘차게 돌던 쌀방아 가루 내던 기계들이 늘어선 곳, 맞다! 우리 동네 초등학교 옆 흐린 간판 집 숨어 있었다. 좁지도 넓지도 않은 그 골목 기름 짜는 냄새 골목 가득하다.

돌아보기

어느 병원 앞 큰 현수막이 걸려 있다 '새는 날면서 뒤를 돌아보지 않는다.'

그 말이 자꾸 걸린다. 자꾸 뒤를 돌아보면서 사는 나는 그 글을 읽고 넘어질 뻔했다. 인간은 새가 살아내는 방법을 어느 만큼 알고 있을까, 하늘을 나는 새는 새의 방법으로 갔던 길을 되돌아갈 것 같은데 돌이켜 보면 헛된 시간은 없다.

놓고 간 그리움

공원묘지에는 벌써 다녀간 사람들이 있다, 어느 묘지 앞에 놓인 그리움, 솔방울 두 개와 억새 세 가지와 노란 민들레 세 개와 작은 돌이 일렬로 가지런히 놓여 있다, 그중 여덟 개의 돌로 하트를 그려놓고 간 마음. 누구의 그리움이었을까 모르는 이의 마음이 그대로 내게 왔다.

긴 싸움

어제부터 지금까지 긴 침묵
나도 이기고 싶었다.

골목

모로코 페스 메디나 골목을 따라가는 건 시간을 잃는 일이다. 가면서도 헤매는 길 박하 향 코에 박고 들어선 오래된 염색공장, 염색통속을 밟아대는 사람 중세 때부터 그대로 이어온 오래된 풍경, 골목을 지나던 나귀 타는 사람과 그릇가게와 구운 빵의 진열과 알록달록거리는 가방들이 골목에 꽉 찬 곳, 시장 안 사람은 얼마나 많던지, 여행은 삶의 그림자다.

밤하늘

나를 보는 밤하늘이 대문을 열었다.
주소를 찾아 내려오던 별 내게 안긴다.
그늘이 걷어지고 고요가 내려앉는 밤

영화동 찻집

겨울 틈새에서 깃털처럼 숨을 고르는 한낮
실눈 뜬 정초의 달은 어쩌다 길을 잃어
육억 광년의 빛을 타고 내려와 내 어깨에 앉아 졸고 있다.

썼던 유서

써 논 글 흐려지고 있다. 끝을 맺지 못한 글을 넘보며 널름거리는 시간, 눈썹을 비비며 모아놓은 자음 모음이 길을 잃다가 급하게 강을 건넌다. 가슴만큼 떠오른 해가 무엇을 보았는지 놀라 제 몸을 비튼다. 찰나가 비껴간 자리.

적설

쌓인 눈만큼 떠오르는 이름들
세상이 내게 주는 기쁨이라면 지치도록 받겠다.

이른 봄

시린 홍매 누구 얼굴인가
반가워 더 붉다
볼 붉다 아가씨야
이 바람 견디면
내년 봄 더 예뻐지겠지

벚꽃

흰 그림자 멀어지고 나는 더 작아지고 봄 간다.

세월

천년을 부는 바람은 문 앞에서 서성이고
오는 계절은 그대로 바람을 밀어낼 기세다.

인생

저녁에 성당에 다녀와서 다시 바치는 기도 같은 것

나만의 꽃

장미꽃 한 송이 품고 왔다
같이 받아 나눈 꽃
그래도 나만 받았다 하는 꽃
덩치 큰 신부님이 준 꽃
비가 오는 백 리 길 안고 온 꽃
시들 줄 모른다.

당신

가을 초입 자동차 전용도로를 달릴 때 맑은 하늘 꽉 찬 구름이 나를 안을 기세다.
당신이 그럴 때는 지났고 자연은 여전히 감동이다.

상사화

기다림이 내 것만이 아니라는 것을
동여맨 네 가슴 붉어 터진 것을 보면 알 수 있다.

가을

바다와 하늘을 잇는 섬
백사장으로 밀려드는 파도
물러선 발등에 가을 앉는다.

그때

나도 누군가를 위해서 영혼까지 바칠 수 있다고 생각할 때가 있었다.

볼 때마다 처음인 것처럼 그러고 싶었다.

그가 오는 길목에서 서성이고 싶었다.

단풍잎 물들 듯 붉어지고 싶었다.

한 계절 안에 갇히는 길 잃은 사람이 되고 싶었다.

지금은…

아프고 나니

능선을 넘어서니 다른 세상이 보인다.
개암사 늦가을 추위에 휘청
아픔이 덜어지니 바람이 반갑다.

세 개의 섬

바다에 떠 있는 듯 하늘에 뜬 듯
멀리 보여도 흐리게 보여도
사랑은 사랑이다.

홀로 핀 꽃

날 흐린데 흰 꽃 곱게도 피었다
보이지 않을 때도 피고 있던 그 꽃
뒤에서 홀로 핀 꽃
어젯밤 어두운 길 걸어온 애인 보듯 반갑다

기억

시린 봄날 매화 보며
엄마가 이렇게 울었겠구나
매화 설움 반 품고 서 있다.

훈풍

남풍 부는 비응도 마파지길 먼바다 향기 묻은 바람
어디서 봄 오는 갑다
그 길 아래 바다
바다는 나를 안고
나는 혼자가 아니고

머문 자리

오월 서쪽
비와 바람이 오는 길
그 동굴의 시간 우리가 머문 곳
대숲이 울었던 곳

장미

공원의 장미가 안개에 흠뻑 젖어 거실로 들어왔다
아침이 안개에 몸을 씻고 맑은 모습으로 내 앞에 앉은 모습
안개 짙어 낮이 맑겠다.

대답해 줘

꽃을 보며 내 말을 한다.
어떻게 듣는지 알 수 없어도 내 말만 한다.
너를 사랑한다고 너를 좋아한다고 네가 그립다고
다 사람에게 했던 말
꽃, 네 대답이 듣고 싶은 날이다.

편지

요셉 님 오늘은 비안도 바다가 흐립니다.

그러다가 한낮에는 또 맑아집니다. 그 흐림과 맑음을 노란 풀꽃 하나가 예쁘게 피어 다 보고 있습니다. 어제도 오늘도 내 침묵 안에는 요셉 님의 모습이 그려지고 있습니다. 어쩌면 어제의 절망이 삶의 흐린 촉수를 깨뜨리는 과정이라고 생각하면 어떨까요. 오늘은 깨뜨려 진 시간을 딛고 올라서 요셉 님의 방식대로 처연함과 좀 더 강한 굳건함을 가지고 살 거라고 약속하십시오. 할 수만 있다면 제가 가장 어려울 때 의지했던 신의 부름과 응답을 같이 듣고 싶습니다. 바다를 향해 점점 안개가 걷히는 섬의 풍경을 바라보는 야생화는 피고 또 핍니다.

세월의 유구함을 저보다 더 많이 보아온 요셉 님에게만 있었을 시간의 역사를 언제 자랑처럼 저에게 들려주십시오.

힘을 내십시오.

옥산 가는 길

들판 끝에 신이 앉아서 지금 이렇게 보는 눈으로 세상을 보라 한다.

끝없이 푸른 들판과 청자색 하늘에 둥둥 떠다니는 구름이 그 아래 작은 점처럼 서 있는 나를 위해 그림처럼 펼쳐있다.

부두

저녁노을 얼마나 예쁜지 8시 서쪽 하늘 바닷가
짙은 어둠이 올 때까지 휘파람 불며 바라보면 더 좋겠네

동굴

나는 나만의 동굴에 앉아서 파도치는 세상을 바라보고 있는 것 같다.

그 파도에 몸을 맡기면서 때로는 분노하고 용트림을 치는 단단한 돌인 것 같다.

깨질 때 깨져야 하는 그것을 모르는.

회현 커피

가을 들판에 내려앉는 에디오피아 구지 케로차 커피의 만남
융 드립으로 커피가 내려질 때까지 가만히 보고 있으면 기다림이 향처럼 퍼진다.
어떤 대화를 했었을까 점점 익어지는 시골 커피점의 매력
바람 부는 날 가고 싶다 이유를 만들어 가고 싶다.
매화 피었다고 벚꽃 진다고 백일홍 가득 피었다고
눈이 온다고 가면 커피의 우정이 뜸 들겠다.
즐거운 악마가 춤을 추겠다.

자동차 전용도로

이런 시간이 좋다. 인생이 이만큼 온 것 같은
자동차 불빛 멀어지며 저만큼 지는 노을 따라가는
밝지도 어둡지도 않은 늦가을 다섯 시 전
사라질 것 같은 불빛 일직선 도로 따라간다.

성탄

백 리 밖에도 나를 위한 신이 있다고 생각이 드는 밤
성탄 전야다
닫힌 문을 연다
넘어오는 기쁨
덜 외롭다

세상을 바라보는 힘

나와 다른 사람들과 같이 가는 길에 힘이 생깁니다
달라야 보이고 달라서 당신이 빛나 보이는 겁니다.

농막

세상의 소리가 소음으로 들릴 때가 있다.
그런 소리를 잠깐 멀리 두고 내 안의 소리만 들어본다.
잊고 있었던, 숨어 있었던 내가 나를 보면서
외롭지 않다고 따뜻하게 위안을 준다.
그런 시간이 필요했다.

감자꽃

감자 꽃 순을 따주어야 한다고 한다. 그래야 실하게 감자가 영근다는 석자 언니 말에 자주감자 흰 감자 꽃을 땄다. 큰 감자 보겠다고 예쁜 꽃 보는 것을 접다니!

삐비의 추억

어린 날 맛보았던 달큰한, 허기진 그 맛이 언덕에 가득 피어 저녁을 하얗게 물들이고 있다. 삐비삐비 삑 하고 울었던 단음의 끝자락 약간 구슬펐던 음색이 가슴 밑바닥을 치며 차오르는 저녁이다

고양이

길을 잃었던 고양이는 고운 사람을 만나 월명동 책방 주인이 되었다.

여름날 꼼짝을 하지 않고 창가에 앉아 바깥을 내다보는 그 시선의 끝이 궁금하다.

처서

비가 와서 백일홍 잎이 구름 속이다.

아들 생일

이 시간쯤 태어났는데 그때 못 본 아침노을이 선물처럼 다가왔다.
아들이 태어나 내가 엄마가 되었으니 아들의 생일은 곧 내 생일이라는 걸 살아가면서 더 느끼고 있다.

갈대밭

이맘때 즈음이면 갈대 우는 소리가 들려 온다.
맑은 하늘을 스치는 소리,
그 소리 안아서 달래느라고 낮의 시간이 짧다.

새해

내게는 길을 찾는 긍정의 힘이 있다.

어느 쪽이든 희망이다.

다만 나를 위한 변명은 줄일 일이다.

그 변명은 위로도 아니고 남은 상처의 변형만 가져왔다는 것을 바로 알아낼 만큼 부끄러운 일이었기 때문이다.

아흔아홉 다리

우리 동네에는 아흔아홉 다리가 있다.

어렸을 때는 불안하고 위태롭던 나무다리였는데 지금은 넓고 복잡한 다리로 바뀌었다. 그래도 예전 이름으로 불리어야 더 빨리 찾을 수 있는 다리이다.

오늘 그 다리에서 만나기로 한 사람과 엇갈렸다. 자동차가 빽빽하게 지나가면서 기다리던 사람을 놓쳤다. 다리 끝에서 갈라지는 여러 길은 어지러웠다. 다리에서 길이 어긋나면 저녁 여섯 시의 어둠이 더 빠르게 찾아온다는 것을 알았다.

벗겨지지 않는 그을음 같은 하루.

채석강 일기예보

바람의 소식을 전하는 파도가 오늘 깊게 울었다.

은파 벚꽃

아침에 보아던 벚꽃이 저녁이 되자 더 활짝 피었다.
호수 너머로 지는 해가 벚꽃에 걸쳐 차마 넘어가지 못한다.

벚꽃 지는 일

벚꽃 지는 것을 보면 세상 어지럽게 살 일 없다.
지면 그만이고 지는 모습 그대로도 아름답다.
무릎 세우고 사는 사람만이 갈등이 깊고 하늘로 치댄다.
내게 남은 낙하의 슬픔이 벚꽃을 닮았다.
그 슬픔을 벚꽃 아래에 두고 왔다.

지금이 그때이다

그때가 푸르렀노라고
지나고 나서 말할 수 있을까
미리내에서

|에필로그|

겨울밤

네 발걸음은 기다린 끝에 오는 상처의 변형 같은 것
간혀서 기다리는 나는 쉼표로 떨어지는 밤의 부등호이다.
오늘 밤 너를 닮은 이름을 문에 걸어놓고 기다리며
멀리 달아나는 깊은 강의 소리를 듣는다.
점점 소멸이 되어가는 네 이름 오늘 밤 기어코 오지 않고
함박눈 내려앉는 가로등 아래로 밤새 지친 호흡 몸살로 떨어져
차가운 것은 어디 가고 열꽃만 남는다.
하루는 그냥 가고 하루는 또 그대로 오고 낮처럼 밤처럼 그날이 그날
탈색된 사랑의 그림자, 누가 겨울밤에 어지럽게 춤을 추는가,
누가 기다림을 갖는가, 눈이 감긴 위로 눈이 내려 이슥고 따뜻한
눈의 눈, 네 눈으로 들 수 없어 눈 밖에서 서성이는 오늘도

날마다 꿈을 꾸며 안고 있는 이름 하나가
그대로 우주의 말뚝으로 박히거나 까치 발자국으로 남아
지독한 허무의 이름으로 새겨진다.

-글에 상처만 남긴 지독한 사랑, 무너질거나.-

|작품 해설|

편성희의 수필 깊이 읽기

이향아(시인, 평론가)

1. 함께 잠입하여

편성희를 자주 만나지는 못했다. 군산을 자주 내왕하지 않았기 때문이기도 하지만, 군산에 들러도 할 일을 마치면 이내 돌아오곤 했기 때문이다. 그런데도 그의 이미지가 문학의 향기로움으로 각인되어 있었던 것은 가끔 접하는 그의 문장에서 범상하지 않은 감각을 발견하였기 때문일까, 그의 글은 내게 신선한 자극을 주곤 했다.

문장은 인격의 그릇이라는 말이 있다. 그것이 시든 소설이든 평론이든 장르를 가릴 것 없이 모든 문장은 작가의 모습을 담아낸다. 작가가 선택한 어휘, 작가가 짜놓은 문맥은 작가의 취향과 성격이며 작품의 주제는 작가의 정신이고 철학이다.

나는 편성희의 문장에서 세상사에 기울이는 이타적(利他的)인 면을 보았고 사물을 바라보는 시선이 융숭하다는 것을 느꼈다. 그리고 어휘 선택에 기울이는 섬세함과 정확함에 놀랐다. 그는 마치 한 편의 시를 쓰듯이 사물의 내면으로 파고들어 용해하려고 하였다. 그의 글을 많이 읽지 못했으면서도 나는 그가 좋은 작품을 쓸 것이라고 판단하고 있었다.

얼마 전 작품집을 내겠다고 하면서 내게 해설문을 청했을 때, 나는 시간적 여유에 쫓기는 상황이었음에도 그에 대한 평소의 믿음으로 대답하고 말았다. 그런데, 편성희가 내게 보낸 수십 편의 작품을 읽으면서 나는 갑자기 난감하였다. 내가 어떻게 이 세계를 뚫고 들어갈 수 있을까? 어떻게 내가 철통같은 그의 세계로 진입할 수 있을까? 지금이라도 사양하는 것이 현명하지 않을까, 망설였다.

"좋다, 나도 그의 꿈과 환상의 세계로 잠입하자, 잠입하여 나도 유영을 계속하면서 그와 일체가 되어 보자" 이러한 내 결론이 온당하고 적절한 것인지는 모르지만 그렇게 마음을 정리하였다. 그만큼 편성희의 세계는 현존하는 세계와 다르다. 그의 세계는 그의 상상 속에 건립된 이상적 세계다.

그는 대상이 단순한 사물일 때도 그 사물을 단순하게 보지 않는다. 보통의 사물이 아닌 생명체로서의 사물이 되게 한다. 그가 언급하는 대상이 인간이라면 정제되고 선별된 인간으로 내세웠으며, 그가 표현하는 대상이 사건이라면 엄선하여 여과시킨 사건으로 설정하였다.

이러한 그의 수필은 한국 문단에서 흔히 접해온 보편적인 수필, 수필가의 일상적 생활 체험의 기록이라는 단순함과 거리를 둔 것, 작가의 평범한 삶을 고백하듯 기록한 것과 거리를 둔 것이다. 편성희의 수필은 다분히 추상성을 띤 내면세계를 추구한 기록이다.

문학의 특성으로 분류하면 그의 글은 수필보다 시적인 성향에 가깝다. 문학이 어떤 장르에서든 '시적詩的'이라는 평가를 받는다면 그것은 곧 우수성을 인정받았다는 말과 다르지 않다. 그만큼 여과의 과정을 거쳤다는 것, 간결하다는 것, 언어의 선택이 정교하다는 것을 의미한다.

본문으로 진입하기 전의 말이 너무 장광설이 되었다. 바로 그의 작품을 읽어보면 이해가 빠를 것이다. 분량 관계상 편성희의 작품 중에서 〈목련 안개〉와 〈집〉, 〈밤비〉를 선택하여 더 깊이 읽었다.

2. 목련과 안개

모레쯤에 내게 올 것만 같은 사람이 머문 곳이 있다. 마음이 닿는 끝점에서 서성이는 그는 이미 실체를 잃어버렸으나 지워지지 않고 있는 그림자이다. 그러면서 어느 날 낯선 자리에서 불쑥 만나게 되기를 소원하는, 만남이 꼭 그곳에서 예정되었던 것처럼 이루어진다면 그 봄날은 다소 눈이 부시다. 거기에는 미래를 당겨오는 꿈이 있으면서 과거의 기억을 품고 있는 아득함이 함께 배어있다.

목련이 피어있는 자리가 그 사람을 닮았다. 하나의 꽃에 담긴 무게가 그 사람의 마음 같다. 목련은 땅에 떨어져도 온기가 가시지 않는 사랑이란 값의 무게를 오랫동안 가슴으로 안고 있다. 하늘은 천천히 몸을 열고 목련을 받든 상처를 보며 시리게 멍이 들었다.

그렇다면 나도 내 가슴을 보여주지, 두꺼운 세포들이 하나씩 하나씩 벗어지면 웅크리며 숨어 있던 먼 세계의 말, 희랍어가 쏟아져 나오고 나조차 짚어낼 수 없었던 따뜻하고 낯선 심장이 두근거리며 밖으로 나와서 내 손을 잡고는 과거와 연애를 하자며 자꾸 꼬드기지. 그러고 싶었어, 어느 날은.

하얀 그림자가 아른거리는 시간은 나의 이력서를 닮았다. 어디에 써 내려가지 않아도 지독히 내 삶을 닮은 무게와 허무를 함께 안고 있는, 들키고 싶지 않은 하얀, 그 무게가 공중에 떠서 꽉 찬 슬픔을 안고 있다.

안개가 피어오르는 아침의 미제 방죽 물가는 아득하다. 서늘한 기운이 아직 가시지 않은 아침을 안고 있는 안개를 본다. 인기척이 드문 오솔길을 걸으면 깨어나지 않은 이슬에 젖은 풀들이 눈을 뜨고 푸른 소나무는 내 발걸음에 향기를 얹는다. 다가오는 시간의 촉수가 바쁘게 움직이며 길을 내면 오늘이 싱그럽게 열린다.

아직 밤의 뒤척임의 여운이 사라지기 전 물가에서 아련히 피어오르는 안개를 본다. 멀지 않는 곳에 있지만 멀어 보이는 안개는 그만큼 나를 작아 보이게 한다. 안개가 머문 곳은 하얀 목련의 집, 목련이 안개에 가려 신비롭다. 하얀이 하얀을 품은 모습은 솜털처럼 가벼워 멈춘 듯 고요히 흐르고 있다. 현실에서 만나는 꿈의 자리가 내 안으로 들어와 나를 안개처럼 감싼다.

해마다 만나는 하얀 목련은 꽃이 필 때마다 새롭고 그때마다 나를 끝없이 바라보아 준다. 목련을 보면 사랑하고 싶어진다. 멀어진 사랑은 희미하여 그 끝을 잃었어도 다시 한걸음 그곳을 향해 걸어간다. 나는 왜 아무리 걸어도 그의 곁에 닿을 수 없는가. 내 사랑은 왜 건강하지 않은 것일까, 늘 부대끼면서 가끔은 예의 없이 부서지면서 허락되지 않은 것에 마음을 기울이며 멀어지는 것일까. 슬픔을 무너뜨리는 어떤 깨끗함의 정체가 다시 살아나 하얀 목련꽃에 이슬로 떨어지고 그 꽃을 안개가 안듯 나도 맨 처음의 사랑이 있었던 길목을 향해 걸어간다.

지나온 이야기와 지금의 생각을 꽃이 다 질 때까지 서로 바라보며 그 자리에서 오래 머무르면 내 몸 전체가 하얗게 맑아진다. 꽃이 피고 지는 것도 안개가 그곳에 머무는 것도 누군가를 좋아해서 일어난 필연의 일처럼 다가온다면 달라지는 것은 무엇일까. 내가 목련을 바라보는 마음을 그대로 읽은 아침, 목련은 나처럼 안개에 기대어 젖어 들며 바람을 타고 오는 햇살을 바라본다. 나는 그 자리에서 자꾸만 흘러가는 목련을 따라 “나도 목련, 목련은 안개”하며 가슴을 앓듯 웅얼거리며 목련을 안은 물안개에 취해 미끄러지듯 그 속으로 들어간다.

– 〈목련 안개〉

만일 독자가 수필 〈목련 안개〉에서 어떤 화소(이야기거리)를 찾아내려고 한다면 헛수고로 끝날 것이다. 작자는 어떤 이야기를 구성하려고 이 글을 쓰지 않았다. 목련이 피어오르는 과정이나 그 꽃이 피어있는 일에 관련된 어떤 조건에도 작자는 편들어 치우치지 않고 중심을 잡으려고 하였다.

그러나 그가 객관자처럼 바라보려고 하면 할수록 목련을 생각하는 그의 눈길은 안개처럼 조용히 목련 속으로 스며들고 있다. 아니 작자는 이미 목련이 되어 꽃과 함께 느끼고 꽃과 함께 피어나고 있다.

함께 느끼고 함께 존재하는 자리에서 과다한 언어적 수식은, 번잡함 외에 의미가 없을 것이다. 이심전심의 고요 속에서 “자꾸만 흘러가는 목련을 따라 ”나도 목련, 목련은 안개”라고 하면서 가슴을 앓듯 웅얼거리고 있는 사람. 편성희는 이미 목련으로 동일화되어, 목련을 환영하는 제례를 주관하는 제사장처럼 보이기도 한다.

①. 그 사람

그러나 이 글에서 특별히 두드러지는 것은 "목련이 피어있는 자리는 그 사람을 닮았다. 하나의 꽃에 담긴 무게가 그 사람의 마음 같다."라고 언급한 대목이다. 나는 '그 사람'의 존재에 주목하였고, 작자는 목련이 피어있는 자리가 어떤 자리인가, 목련은 어떤 무게로 피어있는가를 언급하여 그 사람의 특별한 모습을 보여주었다.

보통의 꽃들은 피어날 때 아무리 눈부셔도 땅에 떨어지고 나면 보잘것없는 오물로 뒹굴지만, 목련은 낙화 후에도 여운이 사라지지 않는 사랑처럼 그 무게를 오랫동안 안고 있다는 것이다. 하늘은 목련을 피워올리기까지 저리고 아팠던 상처를 보여주었으며, 하늘의 가슴은 시리도록 멍이 들어 있었다.

그러면 '그 사람'이란 인간이 아닌 하늘인가? 엉뚱할는지 몰라도 가능성은 충분하다. 하늘이 키운 목련, 목련이 피어있는 자리는 하늘이 내려앉은 자리가 아닌가. 작자는 말한다, 상처로 말한다면 자기도 할 말이 있다고, 그가 만일 가슴을 헤집어 보이면, 웅크리며 숨어 있던 먼 세계의 말이 쏟아져나와 과거로 인도할 것이라고, 목련이 피어나기까지의 작자의 기다림, 피어나기까지의 노심초사가 그를 강변하게 하였을 것이다.

편성희는 이 작품의 서두에서도 "모레쯤에 내게 올 것만 같은 사람이 머물고 있는 곳을 나는 안다. 마음이 닿는 끝점에서 서성이는 그는 이미 실체를 잃어버렸으나 지워지지 않는 그림자와 같다"라 전제하였다. 여기에서 언급된 '사람'은 모두 동일한 존재일 것이다.

'그 사람'은 몸으로 나타나지 않는 사람, 오랜 연단과 수정을 거친 작자의 관념 속에서 재생한 존재이며 목련과 더불어 서 있어도 좋을 사람이다. 목련은 모레쯤 피어날 것 같은데 '그 사람'은 모레쯤 올 것 같다. 만일 내가 여기서 그 사람은 그림자일 뿐이라고, 문맥을 위한 수식어로 등장했을 것이라고, 그는 이미 목련과 접합되어 실체를 잃어버린 존재라고 단언한다면 지나친 월권일까? 그래도, 그 사람은 작자가 기다리는 관념 속의 존재이며 환상적인 그림자라고 망설임을 거두고 나는 그렇게 해석하고 싶다.

작자가 "예상이 빗나가지 않는다면 그 봄날은 얼마나 눈이 부실 것인가?"라고 한 것 역시 문장상의 수식일 것이다. 해마다 그 사람은 목련으로 피어있고 편성희는 봄날마다 목련과 함께 피어있는 그 사람이 있어서 눈이 부셨을 것이다.

②. 하얗게 하얗게

편성희의 문장은 수식으로 말하면 화려체이며 호흡의 완급으로 말하면 만연체이다. 화려체와 만연체가 결합하는 과정에서 문장이 난해해질 수도 있다. 나는 읽다가 더러 현란한 수식어에 걸려서 멈추기도 하였다. 사물을 사랑하게 하는 것은 그 사물의 특성을 사랑하는 것이며 사물의 특성을 사랑하는 것은 작자의 특성이기 때문이다. 〈목련 안개〉에서 작자는 특히 흰색에 몰입하고 있다.

목련꽃의 색채가 백색이기 때문에 '하얀', '흰', '하얗게'라는 말이 자주 언급된 것은 오히려 당연할 일이다. 그러나 그것과는 무관한 백색, 작자가 선호하는 색깔인 백색이기 때문에 그에 관련된 언급이 대거 출동했을 것이다. 백색의 보편적 이미지는 순결, 평화, 창조, 시작, 항복, 비애 등을 의미하지만 축소하고 확대하여 순수, 시작, 슬픔, 미지, 허무로 정리해도 좋겠다.

그중에서도 "하얀 그림자가 아른거리는 시간은 나의 이력서를 닮았다"라는 것은 무슨 말을 꺼내려는 단초일까? 가볍게 드러내고 싶지 않은, 더러는 짐작으로 이해해도 될 삶의 과정이라는 말일까? 일일이 써 내려가지 않아도 허무를 안고 있는 이력서, 들키고 싶지 않아서 비워둔 공간의 무게 때문에 꽉 찬 슬픔이 드러난다는 말일까. 이력서를 가볍게 드러내고 싶은 사람은 없을 것이다. 있어도 소수에 지나지 않을 것이다. 우리는 모두 목표가 다르고 그 목표에 도달하지 못한 것이 이력서의 탓이라고 생각할 만큼 이력서는 본연의 가치를 잘못 전하기도 한다.

*안개가 머문 곳은 하얀 목련의 집
*하얀 그림자가 아른거리는 시간
*하얀이 하얀을 품은 모습

*안개가 머문 곳은 하얀 목련의 집
*해마다 만나는 하얀 목련은 꽃이 필 때마다
*하얀 목련꽃에 이슬로 떨어지면
*오래도록 머무르면 내 몸 전체가 하얗게 맑아지는

물론 목련이 하얗고 안개도 하얗지만, 한 작품 안에서 자꾸 언급하고 싶어지는 백색이라면 그것은 실재하는 사물의 색채를 떠난 색채, 작가의 심리적 색채라고 해야 마땅하다. 편성희의 색채는 하얗다. 목련을 좋아하는 것도 백색의 이미지를 좋아하기 때문인지도 모른다. 혹은 동일화의 욕구에 의한 것일 수도 있다. 사랑하면 동일하게 인식하기도 하고 동일화를 통하여 공감을 유도할 수도 있으니까.

그는 하얗게 하얗게 물들고 싶고 하얗게 하얗게 살고 싶은 것이다.

③. 아득한 거리

편성희는 멀어진 사랑도 다시 돌아오게 하지만, 돌아오더라도 가까이 다가오기를 바라지는 않는다. '아무리 걸어도 그의 곁에 닿을 수 없어서', '허락되지 않은 아득함이 하얀 목련의 맑은 슬픔처럼 맺힐 때' 작자는 비로소 목련을 맞이하는 제례를 시작할 수 있기 때문이다.

편성희는 작품의 서두에서 "모레쯤에 내게 올 것만 같은 사람이 머물고 있는 곳을 알고 있지만 마음이 닿는 끝점에서 서성이는 그는 실체를 잃어버린 그림자와 같다고, 그와 마주친다면 '봄날은 얼마나 눈이 부실까'라 하였다. 그리고 "거기에는 미래의 꿈을 당겨오는 힘이 있으면서 과거의 기억을 품고 있는 아득함도 함께 배어 있을 것이다."라고도 하였다. 그러나 그는 정말 생각했던 대로 마주치기를 바라는 것일까.

그는 아침 안개에 젖어 목련을 만나러 가는 길, 멀어진 사랑이 다시 가까이 돌아오더라도 가까이 다가오기를 바라지는 않을 것 같다. '아무리 걸어도 그의 곁에 닿을 수 없어서', '허락되지 않은 아득함이 하얀 목련의 맑은 슬픔처럼 맺힐 때' 작자는 비로소 목련을 맞이할 수 있을 것이다.

*안개가 피어오르는 아침의 미제 방죽 물가는 아득하다"

*멀지 않는 곳에 있지만 멀어 보이는 안개는 그만큼 나를 작아 보이게 한다.

*과거의 기억을 품고 있는 아득함도 함께 있는 자리다.

*현실에서 만나는 꿈의 자리가 내 안으로 들어와 나를 안개처럼 감싼다.

이러한 점으로 작가의 이중성을 지적할 수는 없다. 인간은 언제나 다중의 대상에서 하나를 선택한다. 고요와 안정을 갈구하는 흰색의 평화를 원하는 그는 아득함을 선호한다. 아득함은 끝끝내 희망이라는 이름으로 남아 있는 가능성이다. 아득함은 물리적 거리가 아니므로 숫자로는 측정할 수 없는 거리에 있다. 아득함을 보조하는 어휘로 안개가 등장한다. 안개는 대상을 가까이 보여주지 않는다. 희미하게 꿈인 듯, 생시인 듯 윤곽을 그리지 않는 안개다. 그래도 상관없다. 꿈인 듯한 생시, 생시인 듯한 꿈으로 길든 작가는 조금도 불편하지 않다.

3. 집은 어디 있는가

집은 내가 문밖을 나갈 때부터 내 뒷모습을 바라보고 있다. 나가는 순간 저절로 문은 닫히고 다시 돌아올 때까지 하나의 물체로 덩그러니 있다가 엘리베이터 문이 열리면 바로 나를 알아본다. 내가 다시 현관문을 들어서는 순간 나를 다시 만나게 되는 집은 내 앞모습을 보는 그때부터 이미 하루의 나를 알아보고 내 내면을 다 들여다본다.

집은 시간이 흐르면서 내가 만났던 사람을 알게 되고 관계를 오래 이어갈수록 걱정하고 간섭하고 다독이면서도 바깥에서의 만남을 격려하면서 응원한다. 그 이어진 시간만큼 집은 많은 생각으로 지쳐가면서도 나를 위해 자신의 이름을 내세우지 않는다. 집은 바깥에서의 내 생활이 길어질수록 조용하게 자신의 자리를 지키면서 나를 기다려 준다. 일정하게 음을 드러내는 냉장고의 기계음과 서쪽으로 기우는 해의 그림자를 따라서 지저귀는 새의 울음소리를 들으며 조용한 음을 집안 가득 채우고 다시 가볍게 그늘이 드리워진 창가에 빗살 무늬를 파도치게 하며 나를 기다린다.

현란한 밖이 오히려 집을 사색의 시간에 물들게 한다. 빌딩 간격 사이에 빛이 들고 바람이 스쳐 가고 자동차 소리가 지나갈 때마다 바람과 부딪히는 소리가 생각의 골에 스며들어 혼자 리듬을 즐긴다. 그것은 나 자신도 눈치를 치지 못할 만큼 자신에게 어떤 중독을 갖게 하는 고독성을 띤다. 그 빈틈에서 매듭을 잇고 또 풀어가며 웃으면서 하루를 넘어간다. 내가 많은 시간을 거의 바깥에서 보내고 가끔은 그 넓은 세상에서 헤매다 온 것은 아닐까 피곤해하면 들었던 음악을 틀어준다. 집과 나는 거의 같은 동질감을 가지고 살아가는 각각의 물체이면서 생물이다.

내가 바라보는 곳을 향해 집은 같은 시선으로 마음을 돌린다. 나의 중심에서 집은 어느 위치에 있는 것일까. 하루를 보내면서 바깥에서 집을 바라보았을 때 돌아가야 하는 집, 쉬고 싶은 집이라는 것을 알면서 하나의 사물쯤으로 알고 깊은 생각 없이 내 소유물로 여겨 가볍게 여겼던 적이 있었다. 때가 되면 팔고 떠나버릴 수 있는 하나의 물체이자 과거로 묻히는 공간이라고 생각했던 적이 있다. 그곳은 사실 내가 긴 시간을 머문 집이고 의식하지 않을 만큼 즐거운 장소이면서 각종 장식품이 아주 낯익은 자리에서 내 숨소리를 듣고 때로는 웃었다는 것을 어느 비가 오는 날 고요히 갇혀 있으면서 알게 되었다. 가만히 주위를 둘러보면서 몇 평의 공간이 아닌 무한 확장된 세계가 그 안에 있다는 것을 느끼게 되었다.

내가 가꾼 꽃나무가 무심함 속에서 촉을 틔우고 책장의 가지런한 책들이 내 손끝을 기다리면서 숨을 쉬고 있고 친정에서 가져온 오래된 구리등이 먼지 틈에서 유리알처럼 반짝이면서 '나를 가져올 때를 생각해 봐' 하면 집은 또 다른 나이다. 저장된 시간이 쌓여 있는 곳, 내 뒤끝과 마음속까지 들여다보면서 비밀을 지켜 주는 곳, 세상에서 풀고 오지 못한 이야기를 마저 다 들어주는 곳, 내가 준 것은 없어도 더 바라지 않는 공간, 오히려 내가 돌아와 자리해 주기를 바라는 친절함으로 내게 주인의 자리를 내주는 배려가 있는 모습, '집'은 많은 것을 가지고 있으면서 소박한 모습으로 항상 자기 자리를 지켜 준다.

외출에서 돌아오면 빈집은 다시 나를 맞이하고 나는 약간의 부끄러움과 나른함으로 신발을 툭 벗어 던지며 안으로 들어가 바깥에서의 일은 잠시 잊고 일상의 일들을 시작하면 집은 나에게 다시 새로운 마음으로 다정하게 다가온다.

이제 긴 시간의 여정에서 돌아와 나를 돌아보는 자리가 되어 구석구석 먼지를 털어내어야겠다. 세상에 나가 조잘거렸던 말씨와 흠집 내기와 지나가는 시간에 걸터앉아 오만한 자세를 보였던 생각의 독선과 배부르게 먹었던 포식의 순간을 쓸어내며 내 몸에 잔뜩 쌓인 찌꺼기를 비워내는 작업이 필요하다. 그것은 오래 묵은 것이어서 시간을 두고 작업을 해야 한다. 감추어져 있던 상처가 드러나 나를 다독이는 시간과 그것을 보듬으면서 가만가만 비워내야 하는 작업을 함께 하는 동안 집은 곧 내가 되어줄 것이다.

집은 품고 있었던 마음을 풀어내고 저녁 시간이 흐른다. 가벼운 일과 단조로운 일이 지나가면 나를 되찾는 밤이 온다. 내가 보이는 시간에 어느 날은 달이 찾아와 잃어버린 시간을 다시 창문에 걸어준다. 달빛이 안에 들면 집과 나는 포근한 둥지에 싸여 시간 가는 줄 모르고 묻는 것도 없이 대답할 것도 없이 어떤 무념의 상태로 흘러간다. 잠이 오지 않는 상태에서 집과 나는 하나의 몸이 되어 점점 잠으로 빠져든다.

— 〈집〉

집은 우리에게 안정감을 주는 공간이다. 이 안정감은 문패를 달고 정착한 농경민이 느낄 수 있는 정신적 위로와 평화를 준다. 양

떼를 찾아서 유랑하듯 옮겨 다니는 유목민에게서는 결코 발견하기 어려운 감정일 것이다. 물론 그들에게도 '게르(Ger)'라는 임시 거처가 있지만 춘하추동 사계절, 선조로부터 몇 대의 후손에게까지 터를 닦아 거주하는 집과는 비교할 수가 없다.

농경민이 집에서 느끼는 편안함, 가족이 모이고 사랑을 나누는 공간으로 가족의 정체성과 소속감을 주는 공간, 이는 개인의 내면적인 정신 공간과 상호 관련성을 맺게 된다. 고향이라는 뿌리 깊은 인식, 한 혈통이라는 집단의식도 집을 중심으로 이루어진다.

그러나 '가출'이라는 말이 있듯이 집은 때로 억압을 상징하기도 하고 갈등과 분란의 온상이 되기도 한다. 문학 작품에서 집은 주인공이 자신의 과거와 마주하거나, 자아를 발견하는 장소로 묘사되기도 한다. 예를 들어, 고향 집을 찾아가는 여정은 뿌리를 찾아가는 과정을 상징할 수 있다. 한국 문학에서 집은 전통적인 가치와 현대적 변화 사이의 긴장을 상징하기도 한다.

그러나 집은 현대에 이르러 집은 거주 공간이라는 개념도 약화되고, 일시의 휴식으로 외적 활동을 보조하는 상징적인 요소로서 존재한다.

집을 어떻게 바라보느냐에 따라서 휴게소도 될 수 있고 가정도 될 수 있다. 자본주의의 일 면모로서 집은 부동산이라는 용어를 타고 계산이 가능한 물건이 되기도 하였다.

①. 기다리는 집

편성희는 집을 의인화하고 있다.

집을 남겨두고 혼자 외출하면서 마치 집이 뒷덜미를 잡아 끌어당기는 듯한 미안함과 죄책감, "나 잠깐 다녀올게"라고 허락이라도 받고 싶은 마음. 외출했다가 귀가한 후에는 "나 무사히 돌아왔어" 보고하고 싶은 마음은, 집에게 감정을 이입하는 작가가 집과 어떻게 공생하고 있는가를 보여준다.

작자가 문밖을 나갈 때부터 그의 뒷모습을 바라보고 있다가, 돌아올 때까지 덩그러니 기다리고, 문을 열고 들어가면 반가워하는 집. 그를 따라 함께 외출하지 않았음에도 그가 어디서 누구를 만났으며 어떻게 지냈는가를 소상하게 알고 있는 집이다.

집은 작자와 함께 살기 때문에 작자가 누구와 친한지 어떤 어려움을 겪고 있는지를 안다. 작자의 근심을 알고 걱정하면서 때로는 위로하고 때로는 간섭하기도 하고 응원하기도 한다. 집은 그러나 작자의 자유를 제한하거나 막지 않는다.

집이 하는 일은 참고 기다리고 복종하는 일이다. 기다림에 지쳐가면서도 그 피곤함을 내색하거나 공치사하지 않는다. 집은 오히려 작자가 바깥에서 지내는 시간이 길어질수록 조용하게 자리를 지키면서, 바쁜 일이 있나 보다, 무슨 일이든 잘 되기만을 바라면서 이해해 준다.

편성희는 집은, “일정하게 음을 드러내는 냉장고의 기계음과 서쪽으로 기우는 해의 그림자를 따라서 지저귀는 새의 울음소리를 들으며 조용한 음을 집안 가득 채우고 다시 가볍게 그늘이 드리워진 창가에 빗살 무늬를 파도치게 하며 나를 기다리는 집”이라고 하였다.

앞의 작품 〈목련 안개〉가 바탕에 추상성을 깔고 관념과 환상을 개입시켰다면 〈집〉은 집이라고 하는 구체적인 물상에 혼을 이입하여서 화음으로 협력하는 음악을 만들었다. 이러한 구성이 한 편의 글로서 완성되기까지는 사물의 세계, 주체와 맺고 있는 관계에 특별한 사랑과 이해가 있어야 한다. 그리고 자기반성과 겸손이 공존하지 않으면 태어날 수가 없다.

이 글이 오히려 〈목련 안개〉보다 깊은 감동을 주는 것은 작자가 스스로를 돌아다보며 겸허한 목소리의 고백을 아끼지 않았기 때문이다. 귀가가 늦으면 가족만 기다리는 것이 아니라는 작자의 말, 가족과 함께 집이 ‘나’를 기다리고 있음을 알고 있는 작자다.

②. 내 어제와 오늘

집에 돌아오면 외출의 시간이 작자를 가르쳤다는 것을 알게 된다. “현란한 밖이 오히려 집을 사색의 시간에 물들게 한다” 밖에서는 느끼지 못했던 것을 집이 가르치는 것이다. 빌딩 사이로 비껴드는 빛, 바람이 스치고 지나가는 소리, 이들이 리듬을 이루어 즐기게 한다.

작자가 많은 시간을 바깥에서 보내고 가끔은 그 넓은 세상에서 헤매다 온 것은 아닐까 후회스러울 때도 집은 이미 작자의 피곤을 알고 있다. 작자와 집은 같은 시선으로 삶을 바라보고 있는 것이다.

그러나 혹시 집을 하나의 사물로 알고 있었던 것은 아닐까, 가볍게 내 소유물로 여겼던 적도 있었음을 고백한다. 살 만큼 살다가 팔고 떠나버릴 수 있는 하나의 물체이며 과거로 묻힐 수 있는 공간이라고 생각했던 적이 있었음을 반성한다.

작자는 가만히 사방을 둘러보면서 몇 편의 공간이 아닌 무한으로 확장된 세계가 집안에 들어있다는 것을 발견한다. 스스로 가꾼 꽃나무가 무심함 속에서 촉을 틔우고 책장의 가지런한 책들이 작자의 손끝을 기다리면서 숨을 쉬고 있다는 것을. 그는 결론처럼 생각을 정리한다.

"집은 또 다른 나이다. 저장된 시간이 쌓여 있는 곳, 내 뒤끝과 마음속까지 들여다보면서 비밀을 지켜 주는 곳, 세상에서 풀고 오지 못한 이야기를 마저 다 들어주는 곳, 내가 준 것은 없어도 더 바라지 않는 공간, 오히려 내가 돌아와 자리해 주기를 바라는 친절함으로 내게 주인의 자리를 내주는 배려가 있는 모습, '집'은 많은 것을 가지고 있으면서 소박한 모습으로 항상 자기 자리를 지켜 준다"

③. 시린 등을 기대고

요즘 내가 사는 동네는 40년이 넘는 아파트 단지다. 오래된 곳이라면서 서두르더니 재개발의 시동이 걸렸다. 겉은 멀쩡하고 각 세대가 필요에 맞춰 소위 내부 개조를 완벽하게 하여 살고 있으므로 아무런 불편이 없다. 그런데도 더 높은 집을 지을 수 있고 그러면 집값이 높아진다면서 추진하고 있는 것이다. 그들은 집을 집이라고 부르지 않고 부동산이라고 부른다. 부동산이라고 인식하는 순간. 더 이상 집은 안식처가 아니며, 더 이상 집은 편안한 주거지도 아니다.

〈집〉의 작가 편성희는 집을 부동산이라고 생각하지 않는다. 나를 보호하고 키워준 공간, 나와 더불어 나이 들어가는 유정한 공간, 나의 편. 나의 둥지. 나의 친구이다.

"이제 긴 시간의 여정에서 돌아와 나를 돌아보는 자리가 되어 구석구석 먼지를 털어내어야겠다"고 결의하는 작자, "세상에 나가 조잘거렸던 말씨와 흠집 내기와 지나가는 시간에 걸터앉아 오만한 자세를 보였던 생각의 독선과 배부르게 먹었던 포식의 순간을 쓸어내며 내 몸에 잔뜩 쌓인 찌꺼기를 비워내는 작업이 필요하다"고 생각하는 작자.

두고두고 오래 묵은 것들을 들여다보면서 감추어져 있는 상처를 보듬으면서 비워낼 것은 비워내겠다고 생각하는 작자는 집과 함께 살아갈 자격이 있다. 집은 곧 나라고 생각하는 한 집이 나를 배신하는 일은 일어나지 않을 것이다.

외출에서 돌아오면 집이 반기고 나는 집에게 부끄러움을 느끼는 관계, 신발을 툭 벗어던지고 늘 하던 대로 집안일을 시작하면 집이 내게 다가와 새로운 마음으로 다정하게 말을 걸어주는 관계

홀로 있던 집은 신이 나서 속으로 품고 있던 리듬을 풀어내고 저녁이 오고 밤이 오고 창문에 달이 찾아오는 편성희의 집. 달빛이 안에 들면 집과 함께 "포근한 둥지에 싸여 시간 가는 줄 모르고 묻는 것도 없이 대답할 것도 없이 어떤 무념의 상태로 흘러"가는 집. 그런 것이 집이다.

4. 쓰면서 쓰는 밤

밤을 쓰고 싶은 날이 있다. 밤이 나와 얼마나 친숙한지 말하기 위해서 밤이 오기 전 서성이던 낮의 걸음을, 종일 비가 오는 날이면 거기 젖어 있다가 비 오는 밤의 시간에 맞춰 또박또박 짚어가는 어둠의 길을, 까만 밤이 얼마나 반짝이는지 끝없이 풀어내고 싶다.

나이가 들어갈수록 하루가 짧다. 해가 뉘엿뉘엿 넘어가고 해그늘이 드리워지기 시작하면 오늘이 벌써 다 간 듯 미리 하루를

정리해야 할 것만 같다. 하루라고 말을 하지만 그 하루가 인생이 되기도 하고 시간에 매듭지어진 순간이 노동의 날이 되기도 한다. 때로는 새로운 사랑이 엮여 하루가 주는 의미가 벅찰 때도 있고 힘들 때도 있다. 그 시간 안에서 완전한 기쁨을 누리기는 어렵다. 수고한 것보다 얻는 것이 적은 것만 같아 하루가 허전할 때도 많다.

하루를 지나온 그림자가 온전히 나만을 지켜내기 위해 흔들린 것만은 아니다. 비록 약한 사람이기는 하지만 공동선에 맞추어 작은 무엇인가를 해야 하고 큰 그림은 못되어도 그 중간의 어디쯤을 지날 때 약간의 위로와 희망을 얻기도 하고 주기도 하며 다시 다음 시간에 나를 기대게 한다.

오늘 낮은 즐거웠다. 길을 알 수 없는 집을 찾아 나섰지만 새롭게 트인 산길을 걷다가 만났던 사람들로 흥미로웠다. 산밑에 자리한 남향집에 들어설 때는 잠시 멈추어 둘러보았다. 바람이 고인 자리에 끝없이 푸른 들판이 보이고 키 작은 백일홍과 늘어진 감나무 가지가 비를 맞고 있었다. 그 앞에서 서 있는 나도 한 장의 그림이 되지 않을까 생각했다.

산 아래 집을 향해 너른 들판에서 밀려오는 비가 종일 처마 끝에 머물러 우리가 하는 얘기를 엿듣는 듯했다. 하루를 살아낸 이야기와 오래 묵어 전설이 된 사연이 다시 실화로 살아나는 것만 같았다. 온 방에 옛 얘기처럼 뿌려지는 우리들의 이야기를 비가 듣고 있었다.

시간은 비처럼 그 집 처마를 타고 흘러 들판을 지나 낮을 보내다가 신호등 사거리 교차로를 지나 내 집안에까지 들어왔다. 오롯이 나만 보는 밤의 시간이 내 앞에 앉아있다. 약간은 피곤하고 나른하며 낮의 웃음이 채 가지지 않은 나를 안는 밤비가 그대로 자연의 소리가 되어 어떤 환상의 세계로 나를 이끌어 간다.

작은 공원은 빗물에 젖어 어둡고 나뭇잎은 퍼덕이는 새의 날개처럼 무겁다. 세상의 문을 처음 두드리는 것처럼 조심스럽게 심장이 뛴다. 아무도 없는 한적한 길에서 퍼붓는 굵은 비를 맞으며 빗속을 질주하던 젊은 날의 모습이 아직도 신작로를 뛰어가고 있고 낮과 밤을 구별할 수 없는 그늘진 그림자가 앞에 있다. 알 수 없는 밝은 세상을 향해 꿈의 날개를 쳤던 외로움과 고독이 버무려진 그 시간이 차분하게 정돈되어 가난한 흑백의 영상으로 펼쳐진다. 밤의 향연에 초대되어 독백의 무대에 누군가가 스며들어 내 영혼을 맑게 하는 치유제를 주고 간다. 빗소리인가, 마치 일 만 년 전의 영상을 몰고 와 앞에서 춤을 추며 친구가 되어주어 크게 위안이 되어 준다.

고개를 숙인 가로등 위로 사정없이 비가 내리고 수직으로 땅에 떨어져 어딘가로 흘러간다.

비는 그치지 않고 내리면서 시간의 길을 튼다. 밤비가 내리는 길을 따라 생각이 이어진다. 그 길을 따라가다 보면 접힌 마음이 어느새 펴져 있다. 통증이 맑게 씻겨지고 꽃씨라도 움 틔울 양 새로운 기운을 느낀다. 잠깐 돋아나는 변명의 사연도 나를 다시 보게 하는 의지를 키워주고 그를 새롭게 생각하게 한다.

비는 여전히 나를 보며 고뇌에 젖는다. 그 고뇌는 밤의 무게이다. 갇힌 무게가 아닌 자유로운 밤하늘의 영상이다. 나는 이런 어둠 속에서 홀로 하늘을 보는 것을 좋아한다. 때로는 낮을 잊고 새벽의 시간은 아직 모르며 오직 이 상태로인 그 무한함 속에 갇힌 그 상태에서 나를 보는 것을 좋아한다.

밤은 창밖에서 비를 안은 채 나를 보고 있다. 나를 보는 것, 나를 사랑하는 느낌 이대로 날을 새는가, 그것을 서로 지켜보면서 밤은 어느새 어느 한 분기점을 지나가고 있다. 낮부터 밤까지 길을 이어놓은 비는 아직 그칠 기세가 없다. 그 밤에 잠겨 내 생각은 숨을 쉬고 있다.

– 〈밤비〉 전문

〈밤비〉에는 편성희가 누리고 싶은 시간의 도표가 그려져 있다. 그 도표 안에는 그의 우수에 어린 꿈과 사랑, 희망과 고적孤寂을 교직하면서 잔잔한 어조로 그러나 진지하게 펼쳐지고 있다.

편성희는 자신과 밤이 얼마나 친숙한지를 말하고 싶어서 '밤을 쓰고 싶다'는 말을 하고 싶었던 것처럼 했다. 그러나 그가 한밤에 깨어있는 것은 반드시 그것을 목적으로 한 건 아니다. 편성희는 시간의 신속성과 변화성을 알고 있다. 온전하게 시간을 누리는 삶이 얼마나 어려운 것인가. 그는 쓰지 않는 밤이 무용지물로 사멸하는 것을 안타까워 할 것이다.

짧은 하루는 기쁨을 깨닫게도 하지만, 수고한 것보다 얻는 것이 적고, 기쁨보다 허전함을 더 많이 준다는 것도 알고 있다. 더구나 편성희는 시간이 오로지 나 하나만을 지켜내기 위해서 존재하는 것이 아니라고 생각한다. 비록 미약한 힘이지만 누군가를 위해서 힘을 맞추어야 하고 비록 크지는 않아도 어떤 형식으로든 위로와 희망이 되어야 한다고 생각하고 있다.

이러한 뜻을 전하고 있는 편성희의 문장은 마치 잠시 숨을 멈추었다가 한꺼번에 쏟아놓은 듯하다. 유장한 문장의 너울이 읽는 이의 가슴을 뜨겁게 한다.

①. 시간의 탄력

편성희는 문득 "밤을 쓰고 싶다"고 하였다. 쓴다는 것은 사용하는 것이기도 하지만 기록하는 것이기도 하다. 밤을 잘 사용하다 보면 기록하기도 할 것이다. 하나의 어휘로 두 가지 의미를 표상하고 싶었을까, 작가가 의도하였든 그렇지 않았든 쓴다는 말은 중의법으로 양면을 모두 가지게 되었다.

작자는 밤을 요긴하게 누리면서 밤과 친숙함을 과시할 수 있을 것이라고 생각하였다. 내놓고 과시할 수 있는 상대는 자기자신이다. 스스로 만족스럽게 시간을 누린다는 것은 삶을 완벽하게 살아냈다는 것을 의미하는 것이 아니겠는가? 깊은 밤에 홀로 눈을 뜨고 있었다는 자랑, 까만 밤이 얼마나 반짝이는지 밤이 들려주는 소리가 얼마나 풍요로운지 그는 알고 있다. 스스로 만족할 만한 일을 하려면 밤이 오기 전 대낮부터 충실한 준비가 되어 있어야 할 것이다. 특히 진종일 비가 오는 날에는 낮에 하지 못한 일을 밤으로 옮길 수 있도록 시간 안배가 적절해야 함은 물론이다.

그는 밤의 오랜 친구처럼 다가갈 것이고, 밤은 그에게 끝없는 대화를 풀어낼 것이다. 하루의 시간은 갈수록 짧아지고 하루가 주는 의미는 결코 가볍지 않다. 때로는 노동의 수고로 일관하였고 때로는 기쁨을 주기도 했다. 어떻게 지나갔든 하루의 끝은 언제나 허망하였다. 하루하루가 인생이 된다는 생각은 마음을 조급하게 하기도 하였다.

무엇을 위해 살고 있는가, 어떻게 살아야 하는가, 누구에게 위로가 되고 희망이 되었는가 지금 나는 잘 살고 있는가, 작자는 후회하고 반성하면서 다시 다음 시간에 기대는 자기 자신을 보곤 하였다. 그러므로 어리석게 소비한 아까운 시간의 보충하듯이 홀로 꽉 찬 밤을 소유한다는 것은 횡재가 아닌가 싶다. 대수롭지 않게 여기는 밤이라는 시간을 유용하게 누리겠다는 것이며 이것은 단순히 시간을 활용한다는 의미와는 다르다. 사용한다는 의미를 넘어서서 비

오는 밤의 정서를 자신의 것으로 만들겠다는 것이다. 작가가 소유하는 시간은 단순히 삶의 길이를 연장하는 것에 그치지 않고 삶의 질과 가치를 앙양하는 수준으로 이어질 것이다. 그러나 여기에서 눈에 두드러지는 것은 시간의 소유보다도 편성희 문장의 은유와 상징 압축과 리듬, 시를 능가할 만큼 아름답다는 것이다.

②. 풍요로운 밤

편성희가 일방적으로 밤비에 홀려 있는 것은 아니다. 작가는 낮의 소란한 시간보다 밤과 이미 친숙하여서 특히 비가 오는 밤이면 밤비와의 대화를 끝없이 이어간다고 고백할 만큼 비 내리는 밤의 고적을 사랑해 왔다. 그는 가라앉은 밤의 은밀함과 적막함, 비가 오는 소리가 주는 화답의 음성에 귀를 기울인다. 밤비는 작가의 어디가 불편한가, 허리가 유약한가 어깨가 부실한가를 알고 있으며, 아픔에 시달리는 작가의 통점을 어루만지고 안아준다.

밤은 창밖에서 비를 안은 채 작자를 들여다본다. 누가 나를 본다고 생각하는 것은 내가 그에 무심하지 않다는 말이며, 누가 나를 사랑하고 있다는 느낌은 이미 내가 그를 사랑하고 있기 때문일 것이다.

그는 "이대로 날을 새는가, 그것을 서로 지켜보면서 밤은 어느새 어느 한 분기점을 지나가고 있다. 낮부터 밤까지 길을 이어놓은 비는 아직 그칠 기세가 없다. 그 밤에 잠겨 내 생각은 숨을 쉬고 있는 것이다"라고 말하고 있다.

편성희는 낮에 있었던 일을 생각한다. 알 수 없는 집을 찾아 길을 나선 것과 새롭게 트인 산길을 지나 만났던 사람들을 생각하고 있는데, 비는 종일 처마 끝에 머물러 있었다. 그림처럼 아름다운 들판이 보이는 산 아래 집에서 오래 묵어 전설처럼 된 얘기를 나누면서 낮을 다 보내도록 비는 그치지 않았다.

집으로 돌아온 후 약간은 피곤하고 나른하였으나 유쾌한 낮의 시간이 여운으로 남아 있었다. 더구나 밤비가 그를 알고 찾아와 환상의 세계로 이끌어갔다. 밤비가 세상의 문을 처음 두드리는 것처럼 그의 가슴을 뛰게 하였다. 그는 밤비의 초대를 받은 특별 고객으로 밤비와의 대화에 참여하고 있다.

밤, 그리고 비에 얽혀 퇴색할 줄 모르는 작가의 추억, "아무도 없는 한적한 길에서 퍼붓는 굵은 비를 맞으며 빗속을 질주하던 젊은 날"이 떠오르고, 낮인지 밤인지 모를 그늘진 그림자가 흑백영화의 영상처럼 작자의 앞에 펼쳐진다. 고개를 숙인 가로등 위로 비는 그치지 않고, 빗줄기는 수직의 선을 그리면서 떨어져 어딘가로 시간의 길을 열고 지나간다. 작자 편성희는 밤비로부터 충분한 위무를 받고 있으며 새로운 활력을 얻어 가뿐하게 일어서게 될 것이다. 그에게 비가 내리는 밤은 풍요롭고도 화려한 밤이다.

5. 글과 사람

수필은 고백문학이요 자조문학임을 특성으로 삼고 있다. 수필에서는 문장이 곧 작가의 인격이라고 해도 과언이 아닐 것이다. 탁월한 문장의 수필을 대하면 탁월한 수필가의 인격을 상상하게 된다. 수필 작가의 풍요로운 체험과 상상력, 예리한 통찰력과 감성, 뚜렷한 개성이나 해박한 지식. 심오한 사상, 인생에 대한 사랑 등, 이 모든 것이 탁월한 인격을 형성하는 불가결의 요소가 될 것이다.

'글 다르고 사람 다르다'고 글과 사람이 일치하지 않음에 대하여 실망을 표하는 독자들이 간혹 있다. 같은 재료로도 각기 다른 요리를 만들 수 있듯이 똑같은 제목으로도 그 상황과 작가의 개성에 따라 다 달리 쓸 수 있다. 소위 인격이란 한 방향의 단순한 양태, 혹은 항구적인 모습으로 나타날 수 있는 것이 아니다.

편성희의 특성을 정리하는 말로 나는 섬세성을 들겠다. 그는 세밀하게 느끼고 꼼꼼하게 짚어간다. 잡다한 일에 얽매일 때도 그는 면밀하게 느끼고 깊이 있게 새긴다. 그는 그만큼 작품을 함부로 쓰지 않을 것이다. 수필이 인간의 삶을 엮어내고 고백하는 생활의 문학임에도 그는 극도로 정제된 삶, 삶에서 추구하는 핵심적인 미학을 응축해서 표현하려고 하였다.

편성희에게 있어서 문학이란 특히 수필이란 단순한 삶의 고백에 머무르지 않는다. 시라고 하여도 언어예술이라는 범주를 넘어서서 친근한 암호처럼 비밀한 탄력을 가지면서 도학처럼 엄숙하고 정결하다. 속기를 허락하여 일상적인 스토리를 나열하는 일을 그는 스스로에게 허락하지 않았다. 그것은 잡스러운 수다에 불과할 것이 아니겠는가.

편성희 수필집

그 길 아래 바다

인쇄 2024년 1월 15일
발행 2024년 1월 20일

지은이 편성희
발행인 서정환
펴낸곳 수필과비평사
주소 서울시 종로구 삼일대로 32길 36(익선동 30-6 운현신화타워) 305호
전화 (02) 3675-3885 (063) 275-4000 · 0484
팩스 (063) 274-3131
이메일 essay321@hanmail.net
출판등록 제300-2013-133호
인쇄·제본 신아출판사

ISBN 979-11-5933-523-5 03810
값 15,000원

Printed in KOREA

*본 도서는 전북문화관광재단 지역문화예술육성 지원금을 받아 발간하였습니다